Curso

*La diferencia entre aprobar
y sacar plaza*

Auxiliar Administrativo/a

DIPUTACIÓN PROVINCIAL DE SEVILLA

Si aún no dispones de tu **Curso MAD360**, te ofrecemos un acceso GRATIS de 30 días para que disfrutes de los siguientes recursos:

- Técnicas de Memoria 360.
- MADTEST: Test *online* Nivel PRO.
- Temario en formato digital.
- Vídeos.
- Esquemas.
- Planificación de estudio.
- Foro entre opositores hasta la fecha del examen.*
- Recursos y novedades exclusivas.
- Consúltanos sobre tu oposición y proceso selectivo.
- Actualizaciones legislativas (Boletines Oficiales) hasta 60 días antes de la fecha del examen.*

Para acceder a esta prueba del Curso MAD360** será necesaria la compra de todos los libros para esta especialidad de la edición 2025.

Regístrate en **mad.es/iniciar-sesion** y en la pestaña MIS CURSOS valida los códigos que encuentras en la última página de tus libros.

NOTA IMPORTANTE:

* Examen de esta categoría profesional correspondiente a la convocatoria publicada en el BOP de Sevilla n.º 155, de 13 de agosto de 2025, o hasta el 30 de septiembre de 2026, lo que se cumpla antes, y previa renovación del servicio.

** El acceso al CURSO MAD360 estará disponible desde septiembre de 2025 (algunos recursos podrían estar disponibles en fecha posterior). Tendrá una duración de 30 días RENOVABLES mediante pago, desde la validación de códigos, o hasta el 31 de marzo de 2027, lo que se cumpla antes.

MAD se reserva el derecho a ampliar dichas fechas.

Auxiliar Administrativo/a de la Diputación Provincial de Sevilla

Septiembre, 2025

Auxiliar Administrativo/a de la Diputación Provincial de Sevilla

Test y Supuestos Prácticos

Autores

MIGUEL ÁNGEL NAVAS DUEÑAS
Ingeniero Superior en Telecomunicaciones
Profesor de Informática de Ciclos Formativos de Grado Medio y Bachillerato

PATRICIA PÉREZ SÁNCHEZ-ROMATE
Licenciada en Derecho

RAÚL VARELA MASSA
Licenciado en doble grado de Ciencias Políticas y de la Administración y Sociología
Técnico de Administración General de la Excma. Diputación Provincial de Sevilla

© 7 Editores Recursos para la Cualificación Profesional y el Empleo, S.L. (7 Editores)
© Los autores
Primera edición, septiembre 2025 (176 páginas)
Derechos de edición reservados a favor de 7 Editores
IMPRESO EN ESPAÑA
Diseño Portada: 7 Editores
Edita: 7 Editores
Avda. San Francisco Javier, 9 · Edificio Sevilla 2 · Planta 11 · Módulos 25-27 · 41018 Sevilla
Teléfono: 954 784 411 · WEB: www.mad.es · e-mail: administracion@7editores.com
ISBN: 979-13-702-8008-6
© "Editorial Mad" y "Eduforma" son nombres comerciales registrados de
7 Editores Recursos para la Cualificación Profesional y el Empleo, S.L.

Índice

TEST TEÓRICO (1ER EJERCICIO, PRIMERA PRUEBA)

Materias Comunes

Materias Específicas

TEST PRÁCTICO (1ᴱᴿ EJERCICIO, SEGUNDA PRUEBA)

Materias Específicas

SUPUESTOS PRÁCTICOS (2º EJERCICIO)

TEST TEÓRICO

(1er ejercicio, primera prueba)

Primer ejercicio (pruebas tipo test)

El primer ejercicio consistirá en la realización de dos pruebas tipo test –un test teórico y un test práctico– que se realizarán en el mismo día.

El tiempo de realización de este ejercicio será de **80 minutos**.

La primera prueba tipo test será de carácter teórico con 30 preguntas –más 5 preguntas de reserva- con cuatro respuestas alternativas, de las cuales solo una será la correcta, relacionadas con las **materias comunes y específicas** contenidas en Anexo de esta convocatoria, procurándose que dichas preguntas guarden proporción en cuanto al número de ellas con los temas del citado Anexo.

Se penalizará por cada tres respuestas erróneas con una correcta o su parte proporcional, en caso de tener menos de tres respuestas incorrectas, no puntuando las respuestas en blanco.

Esta prueba se calificará de 0 a 10 puntos, debiéndose obtener una calificación mínima de 5, a excepción de que, en su caso, se aplique la regla del tercio.

MATERIAS COMUNES

TEST N.º 1

La Constitución Española de 1978: estructura. Principios generales. Los derechos y deberes fundamentales. Sus garantías

1. El artículo 10 de la Constitución Española contempla:

a) Que la dignidad de la persona es fundamento del orden político y de la paz social.
b) El primero de los derechos fundamentales contenidos en la misma.
c) La prohibición de lesión a la persona física.
d) La interpretación de la Declaración Universal de Derechos Humanos conforme a la Constitución Española.

2. ¿Cuál de los siguientes no se especifica en el artículo 10.1 como fundamento del orden político y la paz social?

a) La dignidad de la persona.
b) Los derechos inviolables de la persona.
c) La seguridad jurídica.
d) El libre desarrollo de la personalidad.

3. En relación con la dignidad de la persona:

a) En realidad, la Constitución solamente la reconoce a la persona en tanto que ciudadana.
b) Puede verse alterada, jurídicamente hablando, atendiendo a la situación en que la persona se encuentre.
c) No admite grados.
d) Es renunciable y disponible.

4. El artículo 10 de la Constitución Española:

a) No reconoce el valor de los Tratados Internacionales, dándole el máximo y único valor a la Constitución.
b) Dispone que los tratados y acuerdos ratificados por España sirven de parámetro interpretativo de los derechos y libertades establecidos en la Constitución.

c) Reconoce únicamente validez, en relación con los derechos humanos, a la Declaración Universal de Derechos Humanos.

d) Establece que los Tratados Internacionales ratificados por España se situarán en una posición superior en la jerarquía normativa respecto de la Constitución.

5. De la Constitución se desprende que:

a) Los derechos y libertades establecidos en Tratados internacionales no tienen valor.

b) Los derechos y libertades establecidos en Tratados internacionales tienen rango constitucional.

c) Los derechos y libertades establecidos en Tratados internacionales tienen rango constitucional únicamente en la medida en que también estén reconocidos en la Constitución Española.

d) Los derechos reconocidos en Tratados internacionales tienen eficacia directa, por este hecho, en los tribunales españoles, aunque no hayan estado ratificados por el Estado español.

6. En relación con la nacionalidad española:

a) La Constitución establece que solamente se puede adquirir por nacimiento.

b) Se adquiere únicamente por nacimiento, no obstante, un extranjero puede optar a la residencia.

c) Se puede adquirir.

d) Nunca se puede perder.

7. En base a la Constitución Española:

a) Un español nunca puede perder su nacionalidad.

b) Ningún español de origen podrá ser privado de su nacionalidad.

c) La nacionalidad siempre se conserva.

d) No se admite la doble nacionalidad de un español.

8. En relación con la doble nacionalidad:

a) La Constitución Española no la permite.

b) El Estado puede concertar tratados de doble nacionalidad con los países iberoamericanos o con aquellos que hayan tenido o tengan una particular vinculación con España.

c) Solamente se puede reconocer en relación con la nacionalidad de otros países europeos.

d) Solamente se puede reconocer en relación con antiguos países que formaban parte de la Corona española.

9. ¿Cuál de las siguientes afirmaciones es falsa?

a) No es la primera vez que una Constitución Española regula aspectos relacionados con la nacionalidad.

b) La Constitución Española no es la única a nivel mundial que contiene regulación respecto de la nacionalidad de los ciudadanos del Estado.

c) En la Constitución se desarrollan las formas de adquisición, conservación y pérdida de la nacionalidad española, dada su importancia.

d) La nacionalidad es una cualidad jurídica de la persona.

10. En base al artículo 12 de la Constitución Española:

a) Los españoles se pueden emancipar a los dieciocho años.

b) Los españoles se pueden emancipar a los dieciséis años.

c) Los españoles son mayores de edad a los dieciocho años.

d) Los españoles son mayores de edad a los veintiún años.

En tu Curso MAD360 tienes más **preguntas de este tema** y todos tus avances quedan registrados.

¡MAD360, todo lo que necesitas para conseguir tu plaza!

Solución al test n.º 1

1. a) Que la dignidad de la persona es fundamento del orden político y de la paz social.

2. c) La seguridad jurídica.

3. c) No admite grados.

4. b) Dispone que los tratados y acuerdos ratificados por España sirven de parámetro interpretativo de los derechos y libertades establecidos en la Constitución.

5. c) Los derechos y libertades establecidos en Tratados internacionales tienen rango constitucional únicamente en la medida en que también estén reconocidos en la Constitución Española.

6. c) Se puede adquirir.

7. b) Ningún español de origen podrá ser privado de su nacionalidad.

8. b) El Estado puede concertar tratados de doble nacionalidad con los países iberoamericanos o con aquellos que hayan tenido o tengan una particular vinculación con España.

9. c) En la Constitución se desarrollan las formas de adquisición, conservación y pérdida de la nacionalidad española, dada su importancia.

10. c) Los españoles son mayores de edad a los dieciocho años.

TEST N.º 2

La Administración Pública en la Constitución Española. Tipología de los entes públicos territoriales: la Administración del Estado, Autonómica y Local. Las Comunidades Autónomas. Los Estatutos de Autonomía. Especial referencia al Estatuto de Autonomía de Andalucía

1. ¿Qué Título de la Constitución está dedicado a la regulación del Gobierno?

a) El Título III.
b) El Título IV.
c) El Título V.
d) El Título VII.

2. El nombramiento de los Delegados del Gobierno en las Comunidades Autónomas es competencia del:

a) Parlamento Autonómico.
b) Presidente del Gobierno.
c) Consejo de Gobierno.
d) Consejo de Ministros.

3. ¿Quién nombra a los Subdelegados del Gobierno?

a) El Delegado del Gobierno.
b) El Ministro de Hacienda y Función Pública.
c) El Consejo de Ministros.
d) El Presidente del Gobierno.

4. ¿Qué rango ostentan los Subdelegados del Gobierno?

a) Subdirector General.
b) Secretario General.
c) Secretario General Técnico.
d) Subsecretario.

5. La Administración Local está integrada por:

a) Por órganos.
b) Por Entes, no por órganos.
c) Por sujetos de Derecho con personalidad jurídica propia.
d) Son correctas las respuestas b) y c).

6. Se definen como entidades locales integradas por los municipios de grandes aglomeraciones urbanas entre cuyos núcleos de población existan vinculaciones económicas y sociales que hagan necesaria la planificación conjunta y la coordinación de determinados servicios y obras:

a) Las Áreas Metropolitanas.
b) Las Comarcas.
c) Las Mancomunidades.
d) Las entidades de ámbito territorial inferior al Municipio.

7. Son entidades locales territoriales:

a) El municipio y las mancomunidades.
b) Las provincias y las comarcas.
c) El municipio, las provincias y las áreas metropolitanas.
d) La Isla en los archipiélagos balear y canario y los municipios.

8. La no presentación de cuentas por las entidades de ámbito territorial inferior al Municipio ante los organismos correspondientes del Estado y de la Comunidad Autónoma:

a) Conllevará que el personal que estuviera al servicio de la entidad quedará incorporado en la Administración del Estado.
b) Conllevará que el personal que estuviera al servicio de la entidad quedará incorporado en la Administración de la Comunidad Autónoma.
c) Será motivo para la sustitución de sus órganos de gobierno.
d) Será causa de disolución.

9. ¿Cuál es la Entidad básica de la organización territorial del Estado y cauce inmediato de participación ciudadana en los asuntos públicos, que institucionaliza y gestiona con autonomía los intereses propios de la respectiva colectividad?

a) La Isla.
b) La Provincia.
c) El Municipio.
d) La Comarca.

10. La Creación de las Áreas Metropolitanas se efectuará por ley de:

a) Las Cortes Generales.
b) El Senado.
c) La Asamblea Legislativa de la Comunidad Autónoma.
d) No será necesaria ley, sino Acuerdo aprobado por la mayoría absoluta de los concejales que conforman cada Municipio.

En tu Curso MAD360 tienes más **preguntas de este tema** y todos tus avances quedan registrados.

¡MAD360, todo lo que necesitas para conseguir tu plaza!

Solución al test n.º 2

1. b) El Título IV.

2. d) Consejo de Ministros.

3. a) El Delegado del Gobierno.

4. a) Subdirector General.

5. d) Son correctas las respuestas b) y c).

6. a) Las Áreas Metropolitanas.

7. d) La Isla en los archipiélagos balear y canario y los municipios.

8. d) Será causa de disolución.

9. c) El Municipio.

10. c) La Asamblea Legislativa de la Comunidad Autónoma.

Las formas de actividad de las Entidades Locales: policía, fomento y servicio público. La intervención administrativa local en la actividad privada: licencias y autorizaciones administrativas

1. Las Entidades Locales podrán intervenir la actividad de los ciudadanos a través de los siguientes medios:

a) Sometimiento a comunicación previa o a declaración responsable.
b) Órdenes individuales constitutivas de mandato para la ejecución de un acto o la prohibición del mismo.
c) Sometimiento a previa licencia y otros actos de control preventivo.
d) Todas son correctas.

2. Podrá exigirse una licencia u otro medio de control preventivo respecto a aquellas actividades económicas:

a) Cuando esté justificado por razones de orden público.
b) Cuando esté justificado por razones de seguridad nacional.
c) Cuando esté justificado por razones de salud pública.
d) Las respuestas a) y c) son correctas.

3. Se entenderá por declaración responsable:

a) Aquel documento mediante el que los interesados ponen en conocimiento de la Administración Pública competente sus datos identificativos o cualquier otro dato relevante para el inicio de una actividad o el ejercicio de un derecho.
b) El documento suscrito por un interesado en el que este manifiesta, bajo su responsabilidad, que cumple con los requisitos establecidos en la normativa vigente para obtener el reconocimiento de un derecho o facultad o para su ejercicio.
c) El documento suscrito por un interesado en el que este manifiesta, bajo su responsabilidad, que ha adquirido todos los derechos necesarios para el ejercicio de una actividad.
d) El documento suscrito por un interesado en el que este manifiesta, bajo su responsabilidad, que ya ha pasado todos los controles exigidos en la normativa para el ejercicio de una actividad.

4. Determinará la imposibilidad de continuar con el ejercicio del derecho o actividad afectada por una declaración responsable desde el momento en que se tenga constancia de:

a) La inexactitud, falsedad u omisión de cualquier dato o información.
b) La inexactitud, de carácter esencial, de cualquier dato o información.
c) La omisión de cualquier dato o información de carácter esencial.
d) Las respuestas b) y c) son correctas.

5. No serán transmisibles:

a) Las licencias relativas a las condiciones de una obra.
b) Las licencias concernientes al ejercicio de actividades sobre bienes de dominio público.
c) Las licencias relativas a las condiciones de una instalación.
d) Las licencias cuando el número de las otorgables fuere limitado.

6. Las solicitudes de licencias municipales, según establece el artículo 9 del Reglamento de Servicios de Corporaciones Locales:

a) Deberá acompañarse proyecto técnico con ejemplares para cada uno de los organismos que hubieren de informar la petición, si se refieren al ejercicio de actividades.
b) Se presentarán en el Registro General del Estado.
c) Se presentarán por triplicado.
d) Deberá acompañarse proyecto técnico con ejemplares para cada uno de los organismos que hubieren de informar la petición, si se refieren a ejecución de obras o instalaciones.

7. En relación con los organismos autónomos locales, establece el artículo 85 bis de la Ley 7/1985:

a) El titular del máximo órgano de dirección de los mismos deberá ser un funcionario de carrera o laboral de las Administraciones Públicas.
b) Su creación, modificación, refundición y supresión corresponderá a la Junta de Gobierno de la Entidad Local.
c) Deberá existir un consejo de orden consultivo.
d) Su inventario de bienes y derechos se remitirá mensualmente a la concejalía, área u órgano equivalente de la Entidad Local.

8. La Ley de Bases de Régimen Local no recoge la declaración de reserva en favor de las Entidades Locales del siguiente servicio:

a) Aprovechamiento de residuos.
b) Matadero.
c) Abastecimiento domiciliario y depuración de aguas.
d) Transporte público de viajeros.

9. El derecho a ser indemnizados por toda lesión que sufran en sus bienes y derechos como consecuencia del funcionamiento normal o anormal de los servicios públicos se reconoce a:

a) Los particulares.
b) Las personas jurídicas.
c) Los ciudadanos.
d) Las Administraciones.

10. ¿Cómo ha de ser el daño alegado en las reclamaciones de responsabilidad patrimonial?

a) Efectivo, evaluable económicamente e individualizado con relación con una persona o grupo de personas.
b) Directo y resarcible.
c) Susceptible de valoración y demostrable.
d) Debe producir consecuencias negativas en la actividad de la persona dañada.

Solución al test n.º 3

1. d) Todas son correctas.

2. d) Las respuestas a) y c) son correctas.

3. b) El documento suscrito por un interesado en el que este manifiesta, bajo su responsabilidad, que cumple con los requisitos establecidos en la normativa vigente para obtener el reconocimiento de un derecho o facultad o para su ejercicio.

4. d) Las respuestas b) y c) son correctas.

5. d) Las licencias cuando el número de las otorgables fuere limitado.

6. d) Deberá acompañarse proyecto técnico con ejemplares para cada uno de los organismos que hubieren de informar la petición, si se refieren a ejecución de obras o instalaciones.

7. a) El titular del máximo órgano de dirección de los mismos deberá ser un funcionario de carrera o laboral de las Administraciones Públicas.

8. b) Matadero.

9. a) Los particulares.

10. a) Efectivo, evaluable económicamente e individualizado con relación con una persona o grupo de personas.

El Régimen Local Español. Principios constitucionales y regulación jurídica de la Administración Local: Entidades que la integran

1. La Administración Local está integrada por:

a) Por órganos.
b) Por Entes, no por órganos.
c) Por sujetos de Derecho con personalidad jurídica propia.
d) Son correctas las respuestas b) y c).

2. La no presentación de cuentas por las entidades de ámbito territorial inferior al Municipio ante los organismos correspondientes del Estado y de la Comunidad Autónoma:

a) Conllevará que el personal que estuviera al servicio de la entidad quedará incorporado en la Administración del Estado.
b) Conllevará que el personal que estuviera al servicio de la entidad quedará incorporado en la Administración de la Comunidad Autónoma.
c) Será motivo para la sustitución de sus órganos de gobierno.
d) Será causa de disolución.

3. De acuerdo con el artículo 141 de la Constitución Española:

a) El gobierno y la administración autónoma de las provincias estarán encomendados a las Diputaciones u otras Corporaciones de carácter representativo.
b) El gobierno y la administración autónoma de las provincias estarán encomendados al Pleno de la Diputación Provincial.
c) El gobierno y la administración autónoma de las provincias estarán encomendados a la Junta de Gobierno de la Diputación Provincial.
d) El gobierno y la administración autónoma de las Provincias estarán encomendados a las Corporaciones de carácter representativo.

4. Uno de los principios fundamentales en relación con el Régimen Local que recoge la Constitución Española es:

a) La autonomía de las Corporaciones Locales en la gestión de sus intereses.
b) El carácter democrático y representativo de sus órganos de gobierno.
c) La suficiencia de las Haciendas Locales.
d) Todas las respuestas anteriores son correctas.

5. ¿Es posible crear agrupaciones de Municipios diferentes de la Provincia?

a) No.
b) En algunos casos.
c) Solo si lo decide el Presidente del Gobierno.
d) Sí.

6. De conformidad con el artículo 140 de la Constitución Española, los concejales serán elegidos por sufragio:

a) Universal por parte de los ciudadanos del municipio.
b) Universal, igual, libre, e indirecto.
c) Universal, igual, libre, directo y secreto.
d) Universal, igual, libre, directo y secreto, en la forma establecida en la ley.

7. Según el artículo 103.1 de la Constitución Española, la Administración Pública sirve con objetividad los intereses generales y actúa de acuerdo con los principios de:

a) Eficacia, jerarquía, descentralización, desconcentración y suficiencia financiera.
b) Descentralización, desconcentración, altruismo y eficacia.
c) Eficacia, jerarquía, descentralización, desconcentración y coordinación.
d) Eficacia, jerarquía, descentralización, desconcentración y gratuidad.

8. El Texto Refundido de la Ley Reguladora de las Haciendas Locales fue aprobado por:

a) Real Decreto Legislativo 2/2014, de 5 de marzo.
b) Real Decreto Legislativo 2/1994, de 5 de marzo.
c) Real Decreto Legislativo 2/2004, de 5 de marzo.
d) Real Decreto Legislativo 2/2004, de 5 de abril.

9. Las elecciones locales se encuentran reguladas en:

a) El Reglamento de Servicios de las Corporaciones Locales, de 17 de junio de 1955.
b) El Texto Refundido de la Ley Reguladora de las Haciendas Locales.
c) La Ley Orgánica 5/1985, de 19 de junio, del Régimen Electoral General.
d) La Ley Orgánica Electoral de 2 de abril de 1986.

10. ¿Cuál es la Entidad básica de la organización territorial del Estado y cauce inmediato de participación ciudadana en los asuntos públicos, que institucionaliza y gestiona con autonomía los intereses propios de la respectiva colectividad?

a) La Isla.
b) La Provincia.
c) El Municipio.
d) La Comarca.

En tu Curso MAD360 tienes más **preguntas de este tema** y todos tus avances quedan registrados.

¡MAD360, todo lo que necesitas para conseguir tu plaza!

Solución al test n.º 4

1. d) Son correctas las respuestas b) y c).

2. d) Será causa de disolución.

3. a) El gobierno y la administración autónoma de las provincias estarán encomendados a las Diputaciones u otras Corporaciones de carácter representativo.

4. d) Todas las respuestas anteriores son correctas.

5. d) Sí.

6. d) Universal, igual, libre, directo y secreto, en la forma establecida en la ley.

7. c) Eficacia, jerarquía, descentralización, desconcentración y coordinación.

8. c) Real Decreto Legislativo 2/2004, de 5 de marzo.

9. c) La Ley Orgánica 5/1985, de 19 de junio, del Régimen Electoral General.

10. c) El Municipio.

TEST N.º 5

Sometimiento de la Administración a la Ley y al Derecho.
La Ley. Clases de Leyes. El Reglamento y sus clases

1. Señala cuál de las siguientes es una fuente indirecta de nuestro Derecho Administrativo:

a) Los Reglamentos.
b) La Jurisprudencia.
c) Los Principios Generales del Derecho.
d) La Costumbre.

2. ¿Qué tipo de fuente del Derecho Administrativo son los Reglamentos del Presidente del Gobierno?

a) Directa.
b) Indirecta.
c) Directa subsidiaria.
d) No son fuente de nuestro Derecho Administrativo.

3. Señala cuál de las siguientes no es una fuente directa principal del Derecho Administrativo:

a) Los decretos leyes.
b) Los Principios Generales del Derecho.
c) Los Reglamentos del Presidente del Gobierno.
d) La Constitución.

4. El artículo 1.6.º del Código Civil establece que la jurisprudencia complementará el ordenamiento jurídico con la doctrina que, de modo reiterado, establezca:

a) El Tribunal Constitucional.
b) La Audiencia Nacional.
c) El Tribunal Supremo.
d) Los Tribunales Superiores de Justicia.

5. Indica cuál de las siguientes es una fuente indirecta del Derecho Administrativo:

a) La costumbre.
b) Los Reglamentos.
c) Los Tratados Internacionales.
d) Las leyes ordinarias.

6. A tenor del artículo 9.3.º de la Constitución Española, ¿cuál de los siguientes no es uno de los principios que garantiza nuestra Carta Magna?

a) La interdicción de la arbitrariedad de los poderes públicos.
b) La jerarquía normativa.
c) La retroactividad de las disposiciones sancionadoras no favorables o restrictivas de derechos individuales.
d) La publicidad de las normas.

7. Los Reglamentos o disposiciones ministeriales son, respecto al Derecho Administrativo, una fuente:

a) Directa.
b) Directa subsidiaria.
c) Indirecta.
d) No se consideran fuente del Derecho Administrativo.

8. La costumbre es, respecto al Derecho Administrativo, una fuente:

a) Directa.
b) Directa subsidiaria.
c) Indirecta.
d) No se considera fuente del Derecho Administrativo.

9. Un Reglamento aprobado por el Consejo de Ministros, a través de un Real Decreto:

a) Tiene el mismo rango jurídico que una disposición dictada por un Ministro, a través de una Orden Ministerial.
b) Tiene menos rango jurídico que una disposición dictada por un Ministro, a través de una Orden Ministerial.
c) Tiene mayor rango jurídico que una disposición dictada por un Ministro, a través de una Orden Ministerial.
d) El Consejo de Ministros no puede aprobar reglamentos.

10. En cuanto a las Órdenes Ministeriales, las disposiciones y resoluciones de los Ministros, cuando la disposición o resolución afecte a varios Departamentos:

a) Revestirá la forma de Orden del Ministro/a de la Presidencia, dictada a propuesta de los Ministros interesados.

b) Revestirá la forma de Orden del Ministro/a de la Presidencia, dictada a propuesta del Presidente del Gobierno.

c) Revestirá la forma de Orden del Ministro/a de Hacienda y Función Pública, dictada a propuesta del Presidente del Gobierno.

d) Ninguna de las respuestas anteriores es correcta.

En tu Curso MAD360 tienes más **preguntas de este tema** y todos tus avances quedan registrados.

¡MAD360, todo lo que necesitas para conseguir tu plaza!

Solución al test n.º 5

1. b) La Jurisprudencia.

2. a) Directa.

3. b) Los Principios Generales del Derecho.

4. c) El Tribunal Supremo.

5. c) Los Tratados Internacionales.

6. c) La retroactividad de las disposiciones sancionadoras no favorables o restrictivas de derechos individuales.

7. a) Directa.

8. b) Directa subsidiaria.

9. c) Tiene mayor rango jurídico que una disposición dictada por un Ministro, a través de una Orden Ministerial.

10. a) Revestirá la forma de Orden del Ministro/a de la Presidencia, dictada a propuesta de los Ministros interesados.

La Hacienda Local: clasificación de los recursos. Ordenanzas fiscales

1. De conformidad con el artículo 142 de la Constitución Española:

a) Las Haciendas Locales deberán disponer de los medios suficientes para el desempeño de las funciones que la ley atribuye a las Corporaciones respectivas.

b) Las Haciendas Locales deberán disponer de los medios necesarios para el desempeño de las funciones que la ley atribuye a las Corporaciones respectivas.

c) Las Haciendas Locales deberán disponer de los medios suficientes para el desempeño de las necesidades que la ley atribuye a las Corporaciones respectivas.

d) Las Haciendas Locales deberán disponer de los medios suficientes para el desempeño de las actividades que la ley atribuye a las Corporaciones respectivas.

2. Según la Ley de Bases de Régimen Local:

a) Las Haciendas Locales se nutren, además de tributos propios y de las participaciones reconocidas en los del Estado y en los de las Comunidades Autónomas, de aquellos otros recursos que prevé la ley.

b) Las Haciendas Locales se nutren, además de tributos propios, de las participaciones reconocidas en los del Estado y en los de las Comunidades Autónomas.

c) Las Haciendas Locales se nutren, además de tributos propios, de las participaciones reconocidas en los del Estado.

d) Las Haciendas Locales se nutren, además de tributos propios, de las participaciones reconocidas en los de las Comunidades Autónomas.

3. Solo podrán establecerse prestaciones personales o patrimoniales de carácter público:

a) Con arreglo a la ley.

b) Con arreglo a la norma.

c) Con arreglo a los reglamentos.

d) Con arreglo a los Reales Decretos.

4. ¿Tienen las Entidades Locales potestad tributaria?

a) Sí, de carácter secundario.
b) Sí, de carácter primario.
c) No.
d) Solo la tiene el Estado.

5. La potestad reglamentaria de las Entidades Locales en materia tributaria se ejercerá a través de:

a) Ordenanzas Generales de Gestión, Recaudación e Inspección.
b) Ordenanzas Fiscales reguladoras de sus propios tributos.
c) Las respuestas anteriores son correctas.
d) Ordenanzas Fiscales reguladoras de las tarifas.

6. La Hacienda de las Entidades Locales estará constituida por los siguientes recursos:

a) Las subvenciones.
b) El producto de las operaciones de crédito.
c) El producto de las multas y sanciones.
d) Todas las respuestas son verdaderas.

7. ¿Qué ingresos tienen la consideración de derecho privado?

a) Las adquisiciones a título de herencia, legado o donación.
b) Los rendimientos o productos de cualquier naturaleza derivados del patrimonio.
c) Las adquisiciones mediante contratos.
d) Las respuestas a) y b) son correctas.

8. Tendrán la consideración de tasas las prestaciones patrimoniales que establezcan las Entidades locales por:

a) El coste de las obras.
b) La utilización privativa o el aprovechamiento especial del dominio público local.
c) Las actividades administrativas de toda clase.
d) Ninguna respuesta es correcta.

9. El importe de las contribuciones especiales no podrá exceder de:

a) 50 por 100 del coste de la obra que el Municipio soporte.
b) 90 por 100 del coste de la obra que el Municipio soporte.
c) 70 por 100 del coste de la obra que el Municipio soporte.
d) 80 por 100 del coste de la obra que el Municipio soporte.

10. Los Ayuntamientos podrán establecer y exigir el siguiente impuesto:

a) Impuesto sobre Bienes Inmuebles.
b) Impuesto sobre Vehículos de Tracción Mecánica.
c) Impuesto sobre el Incremento de Valor de los Terrenos de Naturaleza Urbana.
d) Impuesto sobre Actividades Económicas.

En tu Curso MAD360 tienes más **preguntas de este tema** y todos tus avances quedan registrados.

¡MAD360, todo lo que necesitas para conseguir tu plaza!

Solución al test n.º 6

1. a) Las Haciendas Locales deberán disponer de los medios suficientes para el desempeño de las funciones que la ley atribuye a las Corporaciones respectivas.

2. a) Las Haciendas Locales se nutren, además de tributos propios y de las participaciones reconocidas en los del Estado y en los de las Comunidades Autónomas, de aquellos otros recursos que prevé la ley.

3. a) Con arreglo a la ley.

4. a) Sí, de carácter secundario.

5. c) Las respuestas anteriores son correctas.

6. d) Todas las respuestas son verdaderas.

7. d) Las respuestas a) y b) son correctas.

8. b) La utilización privativa o el aprovechamiento especial del dominio público local.

9. b) 90 por 100 del coste de la obra que el Municipio soporte.

10. c) Impuesto sobre el Incremento de Valor de los Terrenos de Naturaleza Urbana.

TEST N.º 7

Ley Orgánica 3/2018, de 5 de diciembre, de Protección de Datos Personales y garantía de los derechos Digitales: Principios de protección de datos y derechos de las personas. Ley 19/2013, de 9 de diciembre, de transparencia, acceso a la información pública y buen gobierno y Ley 1/2014, de 24 de junio, de Transparencia Pública de Andalucía: Ejercicio del derecho de acceso a la información pública y límites al derecho de acceso

1. El artículo 18.1 de la Constitución Española garantiza el derecho al honor, a la intimidad personal y familiar y a:

a) La protección de datos de carácter personal.
b) La confidencialidad.
c) La propia imagen.
d) El secreto profesional.

2. Los datos personales obtenidos a partir de un tratamiento técnico específico, relativos a las características físicas, fisiológicas o conductuales de una persona física que permitan o confirmen la identificación única de dicha persona, como imágenes faciales o datos dactiloscópicos, se denominan:

a) Datos corporales.
b) Datos naturales.
c) Datos genéticos.
d) Datos biométricos.

3. ¿En virtud de qué principio previsto por el Reglamento General de Protección de Datos, los datos personales serán adecuados, pertinentes y limitados a lo necesario en relación con los fines para los que son tratados?

a) Principio de exactitud.
b) Principio de limitación de la finalidad.
c) Principio de responsabilidad proactiva.
d) Principio de minimización de datos.

4. En relación al consentimiento del interesado al tratamiento de datos de carácter personal, es cierto que:

a) En ningún caso se puede obligar a nadie a facilitar sus datos.

b) El consentimiento ha de ser previo a la información sobre el tratamiento.

c) Si se puede consentir libremente, del mismo modo, se puede retirar el consentimiento.

d) La solicitud del consentimiento deberá ir referida a todos los tratamientos que se puedan dar en un plazo determinado.

5. El derecho a la portabilidad de los datos:

a) Se podrá aplicar a los tratamientos que sean necesario para el cumplimiento de una misión realizada en interés público o en el ejercicio de poderes públicos conferidos al responsable del tratamiento.

b) A diferencia de otros derechos, podrá afectar negativamente a los derechos y libertades de otros.

c) Supone la obligación de que, en todo caso, los datos personales se transmitan directamente de responsable a responsable.

d) Requiere que el tratamiento se efectúe por medios automatizados.

6. Conforme al RGPD, ¿puede facilitarse la información al interesado de forma verbal?

a) No, en ningún caso.

b) Sí, siempre que lo solicite el interesado.

c) Sí, en cualquier caso siempre que se demuestre la identidad del interesado por otros medios.

d) Sí, cuando lo solicite el interesado y se pueda demostrar su identidad por otros medios.

7. Conforme al artículo 17 del RGPD, el derecho de supresión no se podrá aplicar cuando:

a) Los datos personales ya no sean necesarios en relación con los fines para los que fueron recogidos o tratados de otro modo.

b) Los datos personales se hayan obtenido en relación con la oferta de servicios de la sociedad de la información.

c) Los datos personales hayan sido tratados ilícitamente.

d) Los datos personales sean necesarios para ejercer el derecho a la libertad de expresión e información.

8. Conforme al artículo 18 del RGPD, el interesado tendrá derecho a obtener del responsable del tratamiento la limitación del tratamiento de los datos:

a) Cuando los datos personales ya no sean necesarios en relación con los fines para los que fueron recogidos o tratados de otro modo.

b) Para que el interesado pueda ejercer el derecho a la libertad de expresión e información.

c) Cuando el interesado impugne la exactitud de los datos personales, durante un plazo que permita al responsable verificar la exactitud de los mismos.

d) Por razones de interés público en el ámbito de la salud pública.

9. En relación al derecho de portabilidad, es cierto que:

a) El ejercicio de este derecho impide el ejercicio del derecho de supresión.

b) Al ejercer su derecho a la portabilidad de los datos, el interesado tendrá que transmitir los datos directamente al nuevo responsable de los mismos.

c) Se aplicará al tratamiento que sea necesario para el cumplimiento de una misión realizada en interés público o en el ejercicio de poderes públicos conferidos al responsable del tratamiento.

d) No podrá afectar negativamente a los derechos y libertades de otros.

10. Cuando los plazos se señalen por días en el RGPD o en la LO 3/2018, se entiende que estos:

a) Son naturales.

b) Son hábiles, de lunes a sábado; excluyéndose del cómputo los domingos y los declarados festivos.

c) Son naturales; excluyéndose del cómputo los declarados festivos.

d) Son hábiles, excluyéndose del cómputo los sábados, los domingos y los declarados festivos.

En tu Curso MAD360 tienes más **preguntas de este tema** y todos tus avances quedan registrados.

¡MAD360, todo lo que necesitas para conseguir tu plaza!

Solución al test n.º 7

1. c) La propia imagen.

2. d) Datos biométricos.

3. d) Principio de minimización de datos.

4. c) Si se puede consentir libremente, del mismo modo, se puede retirar el consentimiento.

5. d) Requiere que el tratamiento se efectúe por medios automatizados.

6. d) Sí, cuando lo solicite el interesado y se pueda demostrar su identidad por otros medios.

7. d) Los datos personales sean necesarios para ejercer el derecho a la libertad de expresión e información.

8. c) Cuando el interesado impugne la exactitud de los datos personales, durante un plazo que permita al responsable verificar la exactitud de los mismos.

9. d) No podrá afectar negativamente a los derechos y libertades de otros.

10. d) Son hábiles, excluyéndose del cómputo los sábados, los domingos y los declarados festivos.

TEST N.º 8

Nociones generales de la normativa estatal y autonómica en materia de Igualdad y Violencia de Género. Medidas en el ámbito administrativo y laboral para promover la igualdad real y efectiva de las personas trans y LGTBI establecidas en la Ley 4/2023, de 28 de febrero

1. ¿Qué artículo de la Constitución proclama que los españoles son iguales ante la ley, sin que pueda prevalecer discriminación alguna por razón de nacimiento, raza, sexo, religión, opinión o cualquier otra condición o circunstancia personal o social?

a) Artículo 9.
b) Artículo 11.
c) Artículo 14.
d) Artículo 18.

2. Según su artículo 1, la LO 3/2007 tiene por objeto hacer efectivo el derecho de:

a) Conciliación de la vida laboral y familiar de mujeres y hombres.
b) Igualdad de trato y de oportunidades entre mujeres y hombres.
c) Participación en los asuntos públicos en igualdad de condiciones.
d) No discriminación por razón de sexo.

3. Las obligaciones establecidas en la LO 3/2007 son de aplicación a:

a) A toda persona, física o jurídica, que se encuentre o actúe en territorio español, cualquiera que fuese su nacionalidad, domicilio o residencia.
b) A todos los ciudadanos españoles, ya sea en territorio español o territorio de cualquier país extranjero.
c) A toda persona, física o jurídica, que se encuentre o actúe en territorio español, con nacionalidad española.
d) A toda persona, física o jurídica, que resida en territorio español, cualquiera que fuese su nacionalidad.

4. El principio de igualdad de trato y de oportunidades entre mujeres y hombres:

a) Sólo se aplica en el ámbito del empleo público.
b) Se garantizará incluso en el acceso al trabajo por cuenta propia.
c) No se aplica en la afiliación y participación en organizaciones sindicales o empresariales.
d) Se garantizará en los términos que prevean los convenios colectivos.

5. La situación en que se encuentra una persona que sea, haya sido o pudiera ser tratada, en atención a su sexo, de manera menos favorable que otra en situación comparable, se considera:

a) Discriminación directa.
b) Acoso sexual.
c) Discriminación indirecta.
d) Violencia de género.

6. En virtud del artículo 6.2 de la LO 3/2007, la situación en que una disposición, criterio o práctica aparentemente neutros pone a personas de un sexo en desventaja particular con respecto a personas del otro:

a) En cualquier caso constituirá discriminación directa.
b) En cualquier caso constituirá discriminación indirecta.
c) No se considera discriminación indirecta si dicha disposición, criterio o práctica pueden justificarse objetivamente en atención a una finalidad legítima y los medios para alcanzar dicha finalidad son necesarios y adecuados.
d) En ningún caso podrá considerarse discriminación.

7. A los efectos de la LO 3/2007, definimos como acoso sexual:

a) Cualquier comportamiento realizado en función del sexo de una persona, con el propósito o el efecto de atentar contra su dignidad y de crear un entorno intimidatorio, degradante u ofensivo.
b) La situación en que una disposición, criterio o práctica aparentemente neutros pone a personas de un sexo en desventaja particular con respecto a personas del otro, salvo que dicha disposición, criterio o práctica puedan justificarse objetivamente en atención a una finalidad legítima y que los medios para alcanzar dicha finalidad sean necesarios y adecuados.
c) Todo trato desfavorable a las mujeres relacionado con el embarazo o la maternidad.
d) Cualquier comportamiento, verbal o físico, de naturaleza sexual que tenga el propósito o produzca el efecto de atentar contra la dignidad de una persona, en particular cuando se crea un entorno intimidatorio, degradante u ofensivo.

8. Según el artículo 8 de la LO 3/2007, todo trato desfavorable a las mujeres relacionado con el embarazo o la maternidad constituye:

a) Acoso sexual.
b) Acoso por razón de sexo.
c) Discriminación directa por razón de sexo.
d) Discriminación indirecta por razón de sexo.

9. Cualquier comportamiento realizado en función del sexo de una persona, con el propósito o el efecto de atentar contra su dignidad y de crear un entorno intimidatorio, degradante u ofensivo, constituye:

a) Discriminación directa.
b) Acoso sexual.
c) Acoso por razón de sexo.
d) Discriminación indirecta.

10. Para prevenir la realización de conductas discriminatorias en los actos y las cláusulas de los negocios jurídicos, el artículo 10 de la LO 3/2007 prevé la existencia de un sistema de sanciones eficaz y:

a) Proporcionado.
b) Comprensible.
c) Cuantificable.
d) Disuasorio.

En tu Curso MAD360 tienes más **preguntas de este tema** y todos tus avances quedan registrados.

¡MAD360, todo lo que necesitas para conseguir tu plaza!

Solución al test n.º 8

1. c) Artículo 14.

2. b) Igualdad de trato y de oportunidades entre mujeres y hombres.

3. a) A toda persona, física o jurídica, que se encuentre o actúe en territorio español, cualquiera que fuese su nacionalidad, domicilio o residencia.

4. b) Se garantizará incluso en el acceso al trabajo por cuenta propia.

5. a) Discriminación directa.

6. c) No se considera discriminación indirecta si dicha disposición, criterio o práctica pueden justificarse objetivamente en atención a una finalidad legítima y los medios para alcanzar dicha finalidad son necesarios y adecuados.

7. d) Cualquier comportamiento, verbal o físico, de naturaleza sexual que tenga el propósito o produzca el efecto de atentar contra la dignidad de una persona, en particular cuando se crea un entorno intimidatorio, degradante u ofensivo.

8. c) Discriminación directa por razón de sexo.

9. c) Acoso por razón de sexo.

10. d) Disuasorio.

TEST TEÓRICO

(1er ejercicio, primera prueba)

MATERIAS ESPECÍFICAS

TEST N.º 1

El acto administrativo. Concepto, elementos, clases y requisitos. Eficacia y validez de los actos administrativos. La nulidad y anulabilidad. Recursos administrativos

1. El contenido de un acto administrativo ha de ser:

a) Ilícito y determinado.
b) Posible y lícito.
c) Determinado o determinable e ilícito.
d) Imposible y lícito.

2. Los actos deben motivarse:

a) Siempre.
b) Nunca.
c) Cuando decidan un procedimiento.
d) Cuando la ley lo prescriba.

3. No tienen por qué motivarse los actos que:

a) Resuelvan recursos.
b) Limiten derechos subjetivos.
c) Se separen del dictamen de órganos consultivos.
d) Todos los anteriores deben motivarse.

4. En la notificación de todo acto administrativo no es necesario que conste siempre:

a) Su texto íntegro.
b) Los recursos que contra el mismo procedan.
c) Los motivos en que se basa la decisión.
d) El plazo de interposición de los recursos.

5. Para que un acto tenga eficacia retroactiva es necesario que:

a) Limite derechos de los particulares.
b) Restrinja el ejercicio de facultades de los particulares.
c) Imponga deberes u obligaciones.
d) No se lesionen derechos de otras personas.

6. Cuando la notificación se practique en el domicilio del interesado, de no hallarse presente, podrá hacerse cargo de la misma cualquier persona que se encuentre en el domicilio, haga constar su identidad y sea:

a) Mayor de catorce años.
b) Mayor de dieciséis años.
c) Mayor de dieciocho años.
d) Mayor de veintiún años.

7. Cuando la notificación por medios electrónicos sea de carácter obligatorio, se entenderá rechazada cuando:

a) Hayan transcurrido veinte días naturales desde la puesta a disposición de la notificación sin que se acceda a su contenido.
b) Hayan transcurrido diez días naturales desde la puesta a disposición de la notificación sin que se acceda a su contenido.
c) Hayan transcurrido diez días hábiles desde la puesta a disposición de la notificación sin que se acceda a su contenido.
d) Hayan transcurrido veinte días hábiles desde la puesta a disposición de la notificación sin que se acceda a su contenido.

8. Señala la respuesta incorrecta. Los actos administrativos serán objeto de publicación:

a) Cuando así lo establezcan las normas reguladoras de cada procedimiento.
b) Cuando lo aconsejen razones de interés público apreciadas por el órgano competente.
c) Cuando el acto tenga por destinatario a una pluralidad indeterminada de personas.
d) Siempre.

9. Serán motivados, con sucinta referencia de hechos y fundamentos de Derecho:

a) Los actos que se separen del criterio seguido en actuaciones precedentes o del dictamen de órganos consultivos.
b) Los actos que limiten derechos subjetivos o intereses legítimos.
c) Los actos que resuelvan procedimientos de revisión de oficio de disposiciones o actos administrativos, recursos administrativos y procedimientos de arbitraje y los que declaren su inadmisión.
d) Todas las respuestas son correctas.

10. La regla general cuando un acto infringe el ordenamiento jurídico es:

a) Su anulabilidad.
b) Su validez temporal.
c) Su nulidad relativa.
d) Las respuestas a) y c) son correctas.

En tu Curso MAD360 tienes más **preguntas de este tema** y todos tus avances quedan registrados.

¡MAD360, todo lo que necesitas para conseguir tu plaza!

Solución al test n.º 1

1. b) Posible y lícito.

2. d) Cuando la ley lo prescriba.

3. d) Todos los anteriores deben motivarse.

4. c) Los motivos en que se basa la decisión.

5. d) No se lesionen derechos de otras personas.

6. a) Mayor de catorce años.

7. b) Hayan transcurrido diez días naturales desde la puesta a disposición de la notificación sin que se acceda a su contenido.

8. d) Siempre.

9. d) Todas las respuestas son correctas.

10. d) Las respuestas a) y c) son correctas.

TEST N.º 2

Concepto de personas interesadas. Pluralidad de personas interesadas. Derechos de las personas en sus relaciones con las Administraciones Públicas. Derecho y obligación de relacionarse electrónicamente con las Administraciones Públicas. Lengua de los procedimientos. El Registro electrónico. Archivo de documentos. Comunicaciones y notificaciones

1. En materia de representación, la LPACAP incluye nuevos medios para acreditarla en el ámbito exclusivo de las Administraciones Públicas, como son, entre otros:

a) El apoderamiento notarial de forma electrónica.
b) El apoderamiento *apud acta*, presencial o electrónico.
c) El apoderamiento *anod actus*, presencial o electrónico.
d) El apoderamiento *acta omnis*, presencial.

2. La LPACAP establece, con carácter general, la obligación de las Administraciones Públicas de:

a) No admitir que el interesado pueda presentar con carácter general copias de documentos en soporte papel.
b) No admitir que el interesado pueda presentar con carácter general copias de documentos que hayan sido digitalizadas.
c) Requerir documentos ya aportados por los interesados, elaborados por las Administraciones Públicas o documentos originales.
d) No requerir documentos ya aportados por los interesados, elaborados por las Administraciones Públicas o documentos originales.

3. La edad mínima para entablar por sí solo relaciones con la Administración Pública es de:

a) Dieciocho años.
b) Depende de los casos.
c) Veintiún años la mujer casada.
d) Dieciséis años.

4. La falta o insuficiente acreditación de la representación no impedirá que se tenga por realizado el acto de que se trate, siempre que se aporte aquella o se subsane el defecto dentro del plazo que deberá conceder al efecto el órgano administrativo, de:

a) Un mes, o de un plazo superior cuando las circunstancias del caso así lo requieran.
b) Veinte días, o de un plazo superior cuando las circunstancias del caso así lo requieran.
c) Quince días, o de un plazo superior cuando las circunstancias del caso así lo requieran.
d) Diez días, o de un plazo superior cuando las circunstancias del caso así lo requieran.

5. Los poderes inscritos en el registro electrónico de apoderamiento tendrán una validez determinada máxima de:

a) Diez años a contar desde la fecha de inscripción.
b) Cinco años a contar desde la fecha de inscripción.
c) Tres años a contar desde la fecha de inscripción.
d) Dos años a contar desde la fecha de inscripción.

6. Señala la respuesta incorrecta respecto a los interesados:

a) Se consideran interesados en el procedimiento administrativo los que, sin haber iniciado el procedimiento, tengan derechos que puedan resultar afectados por la decisión que en el mismo se adopte.
b) Cuando en una solicitud, escrito o comunicación figuren varios interesados, las actuaciones a que den lugar se efectuarán con el representante o el interesado que expresamente hayan señalado, y, en su defecto, con cualquiera de los demás.
c) Cuando la condición de interesado derivase de alguna relación jurídica transmisible, el derecho-habiente sucederá en tal condición cualquiera que sea el estado del procedimiento.
d) La presentación de una denuncia y la comparecencia en el trámite de información pública, respectivamente, no confieren u otorgan, por sí solas, la condición de interesado en el procedimiento.

7. En Derecho Administrativo, a diferencia del Derecho Privado, se puede reconocer a los menores de edad:

a) Capacidad jurídica.
b) Capacidad de obrar.
c) Ambas capacidades.
d) Ninguna de ellas.

8. Señala la respuesta incorrecta. Las Administraciones Públicas solo requerirán a los interesados el uso obligatorio de firma para:

a) Presentar declaraciones responsables o comunicaciones.
b) Adquirir derechos.
c) Interponer recursos.
d) Formular solicitudes.

9. Si durante la instrucción de un procedimiento, se advierte la existencia de personas que sean titulares de derechos o intereses legítimos y directos cuya identificación resulte del expediente y que puedan resultar afectados por la resolución que se dicte:

a) Se comunicará a dichas personas la tramitación del procedimiento cuando así lo solicite el interesado que inició el procedimiento.

b) Se publicará por edictos.

c) Se comunicará a dichas personas la tramitación del procedimiento cuando este no haya tenido publicidad.

d) No se comunicará, salvo que se presenten en forma legal en el procedimiento.

10. Con carácter general, para realizar cualquier actuación prevista en el procedimiento administrativo, será suficiente con que los interesados acrediten previamente su identidad a través de cualquiera de los medios de identificación previstos en la Ley 39/2015, de 1 de octubre. Las Administraciones Públicas NO requerirán a los interesados el uso obligatorio de firma para:

a) Identificar a las autoridades y al personal al servicio de las Administraciones Públicas bajo cuya responsabilidad se tramiten los procedimientos.

b) Desistir de acciones.

c) Presentar declaraciones responsables o comunicaciones.

d) Formular solicitudes.

En tu Curso MAD360 tienes más **preguntas de este tema** y todos tus avances quedan registrados.

¡MAD360, todo lo que necesitas para conseguir tu plaza!

Solución al test n.º 2

1. b) El apoderamiento *apud acta*, presencial o electrónico.

2. d) No requerir documentos ya aportados por los interesados, elaborados por las Administraciones Públicas o documentos originales.

3. b) Depende de los casos.

4. d) Diez días, o de un plazo superior cuando las circunstancias del caso así lo requieran.

5. b) Cinco años a contar desde la fecha de inscripción.

6. b) Cuando en una solicitud, escrito o comunicación figuren varios interesados, las actuaciones a que den lugar se efectuarán con el representante o el interesado que expresamente hayan señalado, y, en su defecto, con cualquiera de los demás.

7. b) Capacidad de obrar.

8. b) Adquirir derechos.

9. c) Se comunicará a dichas personas la tramitación del procedimiento cuando este no haya tenido publicidad.

10. a) Identificar a las autoridades y al personal al servicio de las Administraciones Públicas bajo cuya responsabilidad se tramiten los procedimientos.

TEST N.º 3

El procedimiento administrativo común: iniciación, ordenación, instrucción y terminación. La obligación de resolver: el silencio administrativo

1. ¿Cuándo se iniciarán de oficio los procedimientos?

a) Por denuncia.
b) Por acuerdo del órgano competente.
c) Por propia iniciativa.
d) Todas las respuestas son correctas.

2. Señala la respuesta incorrecta respecto al inicio del procedimiento por denuncia:

a) Las denuncias deberán expresar la identidad de la persona o personas que las presentan y el relato de los hechos que se ponen en conocimiento de la Administración.

b) La presentación de una denuncia confiere, por sí sola, la condición de interesado en el procedimiento.

c) Cuando la denuncia invocara un perjuicio en el patrimonio de las Administraciones Públicas la no iniciación del procedimiento deberá ser motivada y se notificará a los denunciantes la decisión de si se ha iniciado o no el procedimiento.

d) Se entiende por denuncia el acto por el que cualquier persona, en cumplimiento o no de una obligación legal, pone en conocimiento de un órgano administrativo la existencia de un determinado hecho que pudiera justificar la iniciación de oficio de un procedimiento administrativo.

3. ¿En qué caso se podrá imponer una sanción sin que se haya tramitado el oportuno procedimiento?

a) En casos de urgente necesidad.
b) En situaciones excepcionales, como por ejemplo, situaciones de crisis sanitarias o epidemias.
c) Las respuestas a) y b) son correctas.
d) En ningún caso.

4. ¿Cuál de los siguientes datos no es necesario que figure en las solicitudes de iniciación del procedimiento por parte de los interesados?

a) Número de teléfono.

b) Hechos, razones y petición en que se concrete, con toda claridad, la solicitud.

c) Órgano, centro o unidad administrativa a la que se dirige y su correspondiente código de identificación.

d) Firma del solicitante o acreditación de la autenticidad de su voluntad expresada por cualquier medio.

5. Los documentos que los interesados dirijan a los órganos de las Administraciones Públicas podrán presentarse:

a) En las oficinas de Correos, en la forma que reglamentariamente se establezca.

b) En el registro electrónico de la Administración u Organismo al que se dirijan.

c) En las representaciones diplomáticas u oficinas consulares de España en el extranjero.

d) Todas las respuestas son correctas.

6. Los interesados solo podrán solicitar el inicio de un procedimiento de responsabilidad patrimonial, cuando no haya prescrito su derecho a reclamar. El derecho a reclamar prescribirá:

a) Al año de producido el hecho o el acto que motive la indemnización o se manifieste su efecto lesivo.

b) A los dos años de producido el hecho o el acto que motive la indemnización o se manifieste su efecto lesivo.

c) A los cinco años de producido el hecho o el acto que motive la indemnización o se manifieste su efecto lesivo.

d) Este derecho no prescribe.

7. ¿De acuerdo con qué principio se acordarán en un solo acto todos los trámites que, por su naturaleza, admitan un impulso simultáneo y no sea obligado su cumplimiento sucesivo?

a) Con el principio de oficialidad.

b) Con el principio de eficacia.

c) Con el principio de simplificación administrativa.

d) Con el principio de rapidez administrativa.

8. Salvo en el caso de que en la norma correspondiente se fije plazo distinto, los trámites que deban ser cumplimentados por los interesados deberán realizarse en el plazo de:

a) Siete días a partir del siguiente al de la notificación del correspondiente acto.

b) Diez días a partir del siguiente al de la notificación del correspondiente acto.

c) Quince días a partir del siguiente al de la notificación del correspondiente acto.

d) Un mes a partir del siguiente al de la notificación del correspondiente acto.

9. En cualquier momento del procedimiento, cuando la Administración considere que alguno de los actos de los interesados no reúne los requisitos necesarios, lo pondrá en conocimiento de su autor, concediéndole un plazo para cumplimentarlo:

a) De cinco días.

b) De siete días.

c) De diez días.

d) De veinte días.

10. Cuando la Administración no tenga por ciertos los hechos alegados por los interesados o la naturaleza del procedimiento lo exija, el instructor del mismo acordará la apertura de un período de prueba, a fin de que puedan practicarse cuantas juzgue pertinentes, por un plazo:

a) No superior a treinta días ni inferior a diez.

b) No superior a treinta días ni inferior a quince.

c) No superior a veinte días ni inferior a diez.

d) No superior a veinte días ni inferior a cinco.

En tu Curso MAD360 tienes más **preguntas de este tema** y todos tus avances quedan registrados.

¡MAD360, todo lo que necesitas para conseguir tu plaza!

Solución al test n.º 3

1. d) Todas las respuestas son correctas.

2. b) La presentación de una denuncia confiere, por sí sola, la condición de interesado en el procedimiento.

3. d) En ningún caso.

4. a) Número de teléfono.

5. d) Todas las respuestas son correctas.

6. a) Al año de producido el hecho o el acto que motive la indemnización o se manifieste su efecto lesivo.

7. c) Con el principio de simplificación administrativa.

8. b) Diez días a partir del siguiente al de la notificación del correspondiente acto.

9. c) De diez días.

10. a) No superior a treinta días ni inferior a diez.

TEST N.º 4

El Municipio: concepto y elementos. Organización municipal. Competencias

1. Entre las potestades y prerrogativas que tienen los municipios se encuentran:

a) La tributaria y financiera.
b) De revisión de oficio de sus actos y acuerdos.
c) Expropiatoria.
d) Todas las respuestas son correctas.

2. Los elementos del Municipio son:

a) El territorio, la población y la financiación.
b) El territorio, las instituciones y la organización.
c) La organización, la autonomía y el territorio.
d) La población, la organización y el territorio.

3. Según el Reglamento de Población y Demarcación Territorial de las Entidades Locales el término municipal es:

a) El territorio en que el Ayuntamiento ejerce su jurisdicción.
b) El territorio en que el Ayuntamiento ejerce sus competencias.
c) El territorio en que el Ayuntamiento ejerce su política.
d) Las respuestas b) y c) son correctas.

4. De acuerdo con lo dispuesto en la Ley de Bases de Régimen Local:

a) La creación de nuevos municipios solo podrá realizarse sobre la base de núcleos de población territorialmente diferenciados, de al menos 25.000 habitantes.
b) La creación de nuevos municipios solo podrá realizarse sobre la base de núcleos de población territorialmente diferenciados, de al menos 5.000 habitantes.
c) La creación de nuevos municipios solo podrá realizarse sobre la base de núcleos de población territorialmente diferenciados, de al menos 3.000 habitantes.
d) La creación de nuevos municipios solo podrá realizarse sobre la base de núcleos de población territorialmente diferenciados, de al menos 250.000 habitantes.

5. ¿La alteración de términos municipales podrá suponer la modificación de los límites provinciales?

a) Solo en casos excepcionales.
b) En ningún caso.
c) Cuando concurran los requisitos establecidos en la ley.
d) Sí.

6. En los casos de fusión de municipios:

a) El nuevo municipio se subrogará en todos los derechos y obligaciones de los anteriores municipios.
b) El nuevo municipio resultante de la fusión no podrá segregarse hasta transcurridos cien años.
c) El órgano del gobierno del nuevo municipio resultante estará constituido transitoriamente por la suma de los concejales de los municipios fusionados.
d) Las respuestas a) y c) son correctas.

7. Son derechos y deberes de los vecinos:

a) Contribuir mediante la aportación de sus bienes inmuebles a la realización de las competencias municipales.
b) Exigir la prestación y, en su caso, el establecimiento del correspondiente servicio público, en el supuesto de constituir una competencia municipal propia aunque no sea de carácter obligatorio.
c) Acceder a los aprovechamientos comunales.
d) Ejercer la iniciativa individual en los términos previstos en el art. 70 bis de la Ley de Bases de Régimen Local.

8. La inscripción de los extranjeros en el Padrón municipal:

a) Constituirá prueba de su residencia legal en España.
b) Iniciará el expediente de adquisición de la nacionalidad española.
c) No les atribuirá ningún derecho que no les confiera la legislación vigente.
d) Permitirá obtener un permiso de trabajo.

9. El padrón municipal es:

a) La base de datos donde constan los nombres de los vecinos.
b) El registro administrativo donde solo constan los domicilios de los vecinos.
c) El registro administrativo donde constan los vecinos de un municipio.
d) El registro administrativo donde solo constan los domicilios de los extranjeros del municipio.

10. La inscripción en el Padrón municipal contendrá como obligatorios los siguientes datos:

a) Las matrículas de los vehículos de los vecinos.

b) El número de identificación de los aparatos tecnológicos existentes en cada casa.

c) Los ascendientes que habitan en cada casa.

d) Ninguna de las respuestas es correcta.

En tu Curso MAD360 tienes más **preguntas de este tema** y todos tus avances quedan registrados.

¡MAD360, todo lo que necesitas para conseguir tu plaza!

Solución al test n.º 4

1. d) Todas las respuestas son correctas.

2. d) La población, la organización y el territorio.

3. b) El territorio en que el Ayuntamiento ejerce sus competencias.

4. b) La creación de nuevos municipios solo podrá realizarse sobre la base de núcleos de población territorialmente diferenciados, de al menos 5.000 habitantes.

5. b) En ningún caso.

6. d) Las respuestas a) y c) son correctas.

7. c) Acceder a los aprovechamientos comunales.

8. c) No les atribuirá ningún derecho que no les confiera la legislación vigente.

9. c) El registro administrativo donde constan los vecinos de un municipio.

10. d) Ninguna de las respuestas es correcta.

TEST N.º 5

La Provincia en el Régimen Local.
Organización y competencias

1. De acuerdo con el artículo 141.1 de la Constitución española:

a) La Provincia es una Entidad Local con personalidad jurídica propia, determinada por la agrupación de Municipios y división territorial para el cumplimiento de las actividades de la Comunidad Autónoma.

b) La Provincia es una Entidad Local con personalidad jurídica propia, determinada por la agrupación de comarcas y división territorial para el cumplimiento de las actividades del Estado.

c) La Provincia es una Entidad Local con personalidad jurídica propia, determinada por la agrupación de Municipios y división territorial para el cumplimiento de las actividades del Estado.

d) La Provincia es una Entidad Local con personalidad jurídica propia, determinada por la agrupación de Municipios y división territorial para el cumplimiento de los fines de la Unión Europea.

2. El Decreto de Javier de Burgos fue:

a) El que realizó la efectiva división provincial y fue aprobado en el año 1833.
b) El que aprobó la extinción de las Diputaciones Provinciales en Cataluña.
c) El que realizó la efectiva división provincial y fue aprobado en el año 1843.
d) El que abogó por el carácter regionalista de la provincia.

3. Según la Constitución española:

a) En los Archipiélagos, las Islas tendrán además su administración propia en forma de Cabildos o Consejos.

b) El gobierno y la administración autónoma de las Provincias estarán encomendados a los Ayuntamientos.

c) La Provincia es circunscripción electoral para la elección de Diputados y Senadores.

d) Las respuestas a) y c) son correctas.

4. El territorio de la Nación española se divide en:

a) 40 Provincias.
b) 54 Provincias.
c) 60 Provincias.
d) 50 Provincias.

5. Son fines propios y específicos de la Provincia:

a) Asegurar la prestación integral y adecuada en la totalidad del territorio provincial de los servicios de competencia regional.
b) Participar en la coordinación de la Comunidad Autónoma y el Estado.
c) Garantizar los principios de solidaridad y equilibrio intermunicipales.
d) Asegurar la prestación integral y adecuada en la totalidad del territorio municipal de los servicios públicos.

6. El Presidente de la Diputación deberá jurar o prometer el cargo ante el Pleno de la misma:

a) Ante la Subdelegación del Gobierno.
b) Ante la Delegación del Gobierno.
c) Ante el Pleno de la misma.
d) Ante el Consejo de Diputaciones.

7. El mandato del Presidente de la Diputación será:

a) Por cinco años, pero puede ser destituido de su cargo mediante moción de censura o por la pérdida de una cuestión de confianza.
b) Por seis años, pero puede ser destituido de su cargo mediante moción de censura o por la pérdida de una cuestión de confianza.
c) Por cuatro años, pero puede ser destituido de su cargo mediante moción de censura o por la pérdida de una cuestión de confianza.
d) Por cuatro años, pero puede ser destituido de su cargo por votación de la mitad de los diputados provinciales.

8. No es una atribución del Presidente de la Diputación:

a) El planteamiento de conflictos de competencias a otras Entidades locales y demás Administraciones Públicas.
b) El ejercicio de las acciones judiciales y administrativas y la defensa de la Diputación en las materias de su competencia.
c) Representar a la Diputación.
d) Aprobar las bases de las pruebas para la selección del personal.

9. Corresponde al Presidente de la Diputación:

a) El ejercicio de las acciones judiciales y administrativas y la defensa en cualquier materia.
b) El despido del personal laboral.
c) La organización de la Diputación.
d) Ninguna respuesta es correcta.

10. El Presidente de la Diputación puede delegar el ejercicio de sus atribuciones, salvo:

a) El despido del personal laboral.
b) Concertar operaciones de crédito.
c) Aprobar la oferta de empleo público.
d) Las respuestas a) y b) son correctas.

En tu Curso MAD360 tienes más **preguntas de este tema** y todos tus avances quedan registrados.

¡MAD360, todo lo que necesitas para conseguir tu plaza!

Solución al test n.º 5

1. c) La Provincia es una Entidad Local con personalidad jurídica propia, determinada por la agrupación de Municipios y división territorial para el cumplimiento de las actividades del Estado.

2. a) El que realizó la efectiva división provincial y fue aprobado en el año 1833.

3. d) Las respuestas a) y c) son correctas.

4. d) 50 Provincias.

5. c) Garantizar los principios de solidaridad y equilibrio intermunicipales.

6. c) Ante el Pleno de la misma.

7. c) Por cuatro años, pero puede ser destituido de su cargo mediante moción de censura o por la pérdida de una cuestión de confianza.

8. a) El planteamiento de conflictos de competencias a otras Entidades locales y demás Administraciones Públicas.

9. b) El despido del personal laboral.

10. d) Las respuestas a) y b) son correctas.

TEST N.º 6

Ordenanzas y reglamentos de las Entidades Locales. Procedimiento de elaboración y aprobación

1. ¿A quién le corresponde, en los Municipios de gran población, la aprobación de los proyectos de ordenanzas y reglamentos, incluidos los orgánicos, con excepción de las normas reguladoras del Pleno y de sus comisiones?

a) Al Alcalde.
b) Al Pleno.
c) A la Junta de Gobierno Local.
d) Al Secretario de la Corporación.

2. Los actos de deterioro grave y relevante de equipamientos, infraestructuras, instalaciones o elementos de un servicio público, constituyen una infracción a las ordenanzas locales de carácter:

a) Muy grave.
b) Grave.
c) Menos grave.
d) Leve.

3. Las infracciones leves de las Ordenanzas Locales podrán acarrear una multa de hasta:

a) 1.500 euros.
b) 1.000 euros.
c) 750 euros.
d) 600 euros.

4. ¿Cuándo prescribirán las sanciones impuestas por faltas muy graves a las Ordenanzas Locales, si estas no fijaran plazo de prescripción?

a) A los cinco años.
b) A los tres años.

c) A los dos años.
d) Al año.

5. La orden de redacción de la Ordenanza o Reglamento emanará:

a) Del Jefe administrativo de la Dependencia con competencia en la materia.
b) Del Presidente de la Corporación, o de los órganos colegiados o unipersonales (delegados, en este caso, del primero) de la misma.
c) Del Secretario General Técnico.
d) Ninguna de las respuestas es correcta.

6. El artículo 4 de la Ley de Bases de Régimen Local confiere la potestad reglamentaria a:

a) Municipios, Provincias e Islas.
b) Provincias.
c) Municipios.
d) Provincias y Municipios.

7. Respecto a las Ordenanzas Fiscales:

a) Finalizado el período de exposición pública, las corporaciones locales adoptarán los acuerdos definitivos que procedan, resolviendo las reclamaciones que se hubieran presentado y aprobando la redacción definitiva de la ordenanza, su derogación o las modificaciones a que se refiera el acuerdo provisional. En el caso de que no se hubieran presentado reclamaciones, se entenderá definitivamente adoptado el acuerdo, hasta entonces provisional, sin necesidad de acuerdo plenario. Dando traslado a la Comunidad Autónoma en el plazo de 15 días.
b) El texto íntegro de las ordenanzas o de sus modificaciones, habrán de ser publicados en el boletín oficial de la provincia o, en su caso, de la comunidad autónoma uniprovincial, sin que entren en vigor hasta que se haya llevado a cabo dicha publicación.
c) Las diputaciones provinciales, consejos, cabildos insulares y, en todo caso, las demás entidades locales cuando su población sea superior a 20.000 habitantes, editarán el texto íntegro de las ordenanzas fiscales reguladoras de sus tributos dentro del primer trimestre del ejercicio económico correspondiente.
d) Ninguna es correcta.

8. El plazo de exposición pública de los acuerdos provisionales de aprobación de Ordenanzas Fiscales será:

a) 30 días hábiles como mínimo.
b) 30 días naturales como máximo.
c) 30 días hábiles como máximo.
d) 30 días naturales máximo.

9. La aprobación de las Ordenanzas Fiscales se realizará por:

a) El Pleno por mayoría.
b) La Junta de Gobierno por mayoría absoluta.
c) El Pleno por mayoría absoluta.
d) Lo que establezca el Reglamento Orgánico de cada Ayuntamiento.

10. Una Ordenanza Fiscal entra en vigor:

a) A los 15 días de su publicación en el BOP o CA uniprovincial.
b) En el momento de su publicación en el BOP o CA uniprovincial.
c) Al día siguiente de su publicación en el BOP o CA uniprovincial.
d) Igual que una Ordenanza general.

En tu Curso MAD360 tienes más **preguntas de este tema** y todos tus avances quedan registrados.

¡MAD360, todo lo que necesitas para conseguir tu plaza!

Solución al test n.º 6

1. c) A la Junta de Gobierno Local.

2. a) Muy grave.

3. c) 750 euros.

4. b) A los tres años.

5. b) Del Presidente de la Corporación, o de los órganos colegiados o unipersonales (delegados, en este caso, del primero) de la misma.

6. a) Municipios, Provincias e Islas.

7. b) El texto íntegro de las ordenanzas o de sus modificaciones, habrán de ser publicados en el boletín oficial de la provincia o, en su caso, de la comunidad autónoma uniprovincial, sin que entren en vigor hasta que se haya llevado a cabo dicha publicación.

8. a) 30 días hábiles como mínimo.

9. a) El Pleno por mayoría.

10. b) En el momento de su publicación en el BOP o CA uniprovincial.

Tipos de contratos del Sector Público. Elementos del contrato. Preparación de los contratos. Clases de expedientes de contratación

1. La contratación administrativa en el sector público viene regulada por:

a) La Ley 9/2017, de 8 de noviembre.
b) La Ley 6/2017, de 24 de octubre.
c) La Ley 3/2017, de 27 de junio.
d) La Ley 4/2017, de 25 de septiembre.

2. Están incluidos en el ámbito de la Ley de Contratos del Sector Público:

a) La relación de servicio de los funcionarios públicos y los contratos regulados en la legislación laboral.
b) Las relaciones jurídicas consistentes en la prestación de un servicio público cuya utilización por los usuarios requiera el abono de una tarifa, tasa o precio público de aplicación general.
c) Los contratos relativos a servicios de arbitraje y conciliación.
d) Los contratos onerosos, cualquiera que sea su naturaleza jurídica, que celebren las Mutuas de Accidentes de Trabajo y Enfermedades Profesionales de la Seguridad Social.

3. De conformidad con lo establecido en el artículo 1 de la Ley 9/2017, de 8 de noviembre, la contratación del sector público se ha de ajustar a los siguientes principios (señala la respuesta incorrecta):

a) De libertad de acceso a las licitaciones.
b) La selección de la oferta más económica.
c) La no discriminación e igualdad de trato entre los licitadores.
d) Publicidad y transparencia de los procedimientos.

4. Los contratos que tienen por objeto la adquisición, el arrendamiento financiero, o el arrendamiento, con o sin opción de compra, de productos o bienes muebles, son:

a) Contratos de servicios.
b) Contratos de suministro.

c) Contratos de obras.
d) Contratos de gestión de servicios públicos.

5. No se consideran contratos de suministros:

a) Aquellos en los que el empresario se obligue a entregar una pluralidad de bienes de forma sucesiva y por precio unitario sin que la cuantía total se defina con exactitud al tiempo de celebrar el contrato, por estar subordinadas las entregas a las necesidades del adquirente.
b) Los que tengan por objeto la adquisición y el arrendamiento de equipos y sistemas de telecomunicaciones o para el tratamiento de la información, sus dispositivos y programas, y la cesión del derecho de uso de estos últimos.
c) Los de adquisición de programas de ordenador desarrollados a medida.
d) Los de fabricación, por los que la cosa o cosas que hayan de ser entregadas por el empresario deban ser elaboradas con arreglo a características peculiares fijadas previamente por la entidad contratante, aun cuando esta se obligue a aportar, total o parcialmente, los materiales precisos.

6. Están sujetos a regulación armonizada los contratos de obras y los contratos de concesión de obras públicas cuyo valor estimado sea igual o superior a:

a) 5.538.000 euros.
b) 6.581.000 euros.
c) 8.615.000 euros.
d) 1.861.000 euros.

7. Están sujetos a regulación armonizada los contratos de suministro adjudicados por la Administración General del Estado, sus organismos autónomos, o las Entidades Gestoras y Servicios Comunes de la Seguridad Social, cuyo valor estimado sea igual o superior a:

a) 5.538.000 euros.
b) 143.000 euros.
c) 221.000 euros.
d) 80.000 euros.

8. De los siguientes, son contratos privados los contratos celebrados por una Administración Pública que tengan por objeto:

a) La suscripción a revistas, publicaciones periódicas y bases de datos.
b) La concesión de servicios públicos.
c) Los contratos de colaboración entre el sector público y el sector privado.
d) La adquisición de suministros.

9. Cuando se trate de contratos de obras, podrán adjudicarse directamente a cualquier empresario con capacidad de obrar contratos menores, es decir, de importe inferior a:

a) 40.000 €.
b) 6.000 €.
c) 100.000 €.
d) 15.000 €.

10. Los contratos menores definidos en el artículo 118 de la Ley de Contratos del Sector Público no podrán tener una duración superior a:

a) Un año.
b) Tres años.
c) Cinco años.
d) Diez años.

En tu Curso MAD360 tienes más **preguntas de este tema** y todos tus avances quedan registrados.

¡MAD360, todo lo que necesitas para conseguir tu plaza!

Solución al test n.º 7

1. a) La Ley 9/2017, de 8 de noviembre.

2. d) Los contratos onerosos, cualquiera que sea su naturaleza jurídica, que celebren las Mutuas de Accidentes de Trabajo y Enfermedades Profesionales de la Seguridad Social.

3. b) La selección de la oferta más económica.

4. b) Contratos de suministro.

5. c) Los de adquisición de programas de ordenador desarrollados a medida.

6. a) 5.538.000 euros.

7. b) 143.000 euros.

8. a) La suscripción a revistas, publicaciones periódicas y bases de datos.

9 a) 40.000€.

10. a) Un año.

El personal al servicio de la Administración Local. El personal funcionario público: clases, selección, situaciones administrativas

1. ¿De qué forma se aprobó la vigente Ley del Estatuto Básico del Empleado Público?

a) Por una Ley Orgánica.
b) Mediante un Texto Refundido.
c) Mediante una Ley de Bases.
d) Por un Real Decreto-Ley.

2. El vigente texto refundido de la Ley del Estatuto Básico del Empleado Público fue aprobado por:

a) Real Decreto Legislativo 5/2015, de 30 de octubre.
b) Real Decreto Legislativo 2/2015, de 23 de octubre.
c) Real Decreto Legislativo 3/2015, de 23 de octubre.
d) Real Decreto Legislativo 6/2015, de 30 de octubre.

3. El empleo en el sector público se caracteriza por estar configurado por un modelo:

a) Unitario de personal funcionario.
b) Unitario de personal estatutario.
c) Dual de regímenes jurídicos, personal funcionario y personal laboral.
d) De tres regímenes jurídicos, personal funcionario, personal laboral y personal de designación.

4. El EBEP contiene:

a) Aquello que es común al conjunto de los empleados públicos de todas las Administraciones Públicas.

b) Las normas legales específicas aplicables a los empleados públicos de todas las Administraciones Públicas.

c) Aquello que es común al conjunto de los funcionarios de todas las Administraciones Públicas, más las normas legales específicas aplicables al personal laboral a su servicio.

d) Aquello que es común al conjunto del personal laboral de todas las Administraciones Públicas, más las normas legales específicas aplicables al personal funcionario a su servicio.

5. El vigente Estatuto Básico del Empleado Público tiene por objeto:

a) Establecer las bases del personal laboral incluido en su ámbito de aplicación y determinar las normas aplicables al personal funcionario al servicio de las Administraciones Públicas.

b) Establecer las bases del régimen estatutario de los funcionarios públicos y del personal laboral incluidos en su ámbito de aplicación y determinar las normas que les son aplicables.

c) Establecer las normas aplicables al personal funcionario y laboral al servicio de las Administraciones Públicas.

d) Establecer las bases del régimen estatutario de los funcionarios públicos incluidos en su ámbito de aplicación y determinar las normas aplicables al personal laboral al servicio de las Administraciones Públicas.

6. Para todo el personal de las Administraciones Públicas no incluido en su ámbito de aplicación, el EBEP tendrá carácter:

a) Consultivo.
b) Voluntario.
c) Supletorio.
d) Interpretativo.

7. El artículo 8 del Texto Refundido de la Ley del Estatuto Básico del Empleado Público, aprobado por el Real Decreto Legislativo 5/2015, de 30 de octubre, define como aquellos quienes desempeñan funciones retribuidas en las Administraciones Públicas al servicio de los intereses generales:

a) A los Funcionarios públicos.
b) A los Empleados públicos.
c) Al Personal laboral de las Administraciones Públicas.
d) Al personal estatutario.

8. Basándonos en el artículo 8 del Texto Refundido de la Ley del Estatuto Básico del Empleado Público, no es una clase de empleado público:

a) Funcionario de carrera.
b) Personal laboral.
c) Funcionario interino.
d) Funcionario eventual.

9. Corresponden en exclusiva a los funcionarios públicos, en los términos que en la ley de desarrollo de cada Administración Pública se establezca, el ejercicio de las funciones que impliquen la participación directa o indirecta:

a) En el archivo y documentación de información administrativa.
b) En tareas administrativas.
c) En el ejercicio de las potestades públicas.
d) En las tareas directivas.

10. Los funcionarios de carrera son aquellos quienes, en virtud de nombramiento legal, están vinculados a una Administración Pública por una relación estatutaria regulada por:

a) El Derecho Laboral.
b) El Derecho Administrativo.
c) El Derecho Civil.
d) El Derecho Constitucional.

En tu Curso MAD360 tienes más **preguntas de este tema** y todos tus avances quedan registrados.

¡MAD360, todo lo que necesitas para conseguir tu plaza!

Solución al test n.º 8

1. b) Mediante un Texto Refundido.

2. a) Real Decreto Legislativo 5/2015, de 30 de octubre.

3. c) Dual de regímenes jurídicos, personal funcionario y personal laboral.

4. c) Aquello que es común al conjunto de los funcionarios de todas las Administraciones Públicas, más las normas legales específicas aplicables al personal laboral a su servicio.

5. d) Establecer las bases del régimen estatutario de los funcionarios públicos incluidos en su ámbito de aplicación y determinar las normas aplicables al personal laboral al servicio de las Administraciones Públicas.

6. c) Supletorio.

7. b) A los Empleados públicos.

8. d) Funcionario eventual.

9. c) En el ejercicio de las potestades públicas.

10. b) El Derecho Administrativo.

**Derechos y deberes del personal de las Administraciones Públicas.
El régimen de provisión de puestos de trabajo.
Régimen de incompatibilidad y régimen disciplinario**

1. A tenor del artículo 14 del EBEP los empleados públicos tienen derecho:

a) A la inamovilidad en la condición de funcionario de carrera.
b) A la formación continua y a la actualización permanente de sus conocimientos y capacidades profesionales, preferentemente fuera del horario laboral.
c) A la libertad de expresión, sin restricción alguna.
d) A participar en la consecución de los objetivos atribuidos a la unidad donde preste sus servicios y a ser consultado por sus superiores por las tareas a desarrollar.

2. Los empleados públicos tienen derecho a la libertad de expresión:

a) En los términos que establezca una ley.
b) En los términos que se establezcan reglamentariamente.
c) A través de sus representantes sindicales.
d) Dentro de los límites del ordenamiento jurídico.

3. El conjunto ordenado de oportunidades de ascenso y expectativas de progreso profesional conforme a los principios de igualdad, mérito y capacidad, se denomina:

a) Evaluación del desempeño.
b) Promoción profesional.
c) Promoción interna.
d) Carrera profesional.

4. Para tener derecho a la promoción interna, los funcionarios deberán tener una antigüedad de servicio activo en el inferior subgrupo o grupo de clasificación profesional, de al menos:

a) Dos años.
b) Tres años.

c) Cuatro años.
d) Cinco años.

5. El procedimiento mediante el cual se mide y valora la conducta profesional y el rendimiento o el logro de resultados de los empleados públicos, se denomina:

a) Carrera horizontal.
b) Evaluación del desempeño.
c) Concurso de méritos.
d) Mapa de competencias.

6. El tiempo de servicios prestado en adscripción provisional por los funcionarios removidos en puestos obtenidos por concurso o cesados en puestos de libre designación no se considerará como interrupción a efectos de consolidación del grado personal si su duración es inferior a:

a) 2 meses.
b) 3 meses.
c) 6 meses.
d) 1 año.

7. Según el EBEP, la continuidad en un puesto de trabajo obtenido por concurso quedará vinculada a:

a) La evaluación del desempeño.
b) La idoneidad.
c) La antigüedad.
d) La productividad.

8. En relación al sistema retributivo de los empleados públicos, es cierto, según el EBEP, que:

a) Podrán acordarse incrementos retributivos que globalmente supongan un incremento de la masa salarial superior a los límites fijados anualmente en la Ley de Presupuestos Generales del Estado para el personal.

b) Podrá percibirse participación en tributos o en cualquier otro ingreso de las Administraciones Públicas como contraprestación de cualquier servicio, participación o premio en multas impuestas, excepto cuando estuviesen normativamente atribuidas a los servicios.

c) Las cuantías de las retribuciones básicas y el incremento de las cuantías globales de las retribuciones complementarias de los funcionarios, así como el incremento de la masa salarial del personal laboral, deberán reflejarse para cada ejercicio presupuestario en la correspondiente ley de presupuestos.

d) Las Administraciones Públicas podrán destinar cantidades por encima del porcentaje de la masa salarial que se fije en las correspondientes Leyes de Presupuestos Generales del Estado a financiar aportaciones a planes de pensiones de empleo o contratos de seguro colectivo que incluyan la cobertura de la contingencia de jubilación, para el personal incluido en sus ámbitos, de acuerdo con lo establecido en la normativa reguladora de los Planes de Pensiones.

9. Las Administraciones Públicas podrán destinar cantidades hasta el porcentaje de la masa salarial que se fije en las correspondientes Leyes de Presupuestos Generales del Estado a financiar aportaciones a planes de pensiones de empleo o contratos de seguro colectivos; estas cantidades tendrán a todos los efectos la consideración de:

a) Retribución básica.
b) Retribución complementaria.
c) Indemnización.
d) Retribución diferida.

10. Las retribuciones de los funcionarios en prácticas:

a) Se corresponderán a las del sueldo del Subgrupo o Grupo, en el supuesto de que este no tenga Subgrupo, en que aspiren a ingresar.
b) No podrán superar las del sueldo del Subgrupo o Grupo, en el supuesto de que este no tenga Subgrupo, en que aspiren a ingresar.
c) Se determinarán de acuerdo con la legislación laboral, el convenio colectivo que sea aplicable y el contrato de trabajo.
d) Como mínimo, se corresponderán a las del sueldo del Subgrupo o Grupo, en el supuesto de que este no tenga Subgrupo, en que aspiren a ingresar.

Solución al test n.º 9

1. a) A la inamovilidad en la condición de funcionario de carrera.

2. d) Dentro de los límites del ordenamiento jurídico.

3. d) Carrera profesional.

4. a) Dos años.

5. b) Evaluación del desempeño.

6. c) 6 meses.

7. a) La evaluación del desempeño.

8. c) Las cuantías de las retribuciones básicas y el incremento de las cuantías globales de las retribuciones complementarias de los funcionarios, así como el incremento de la masa salarial del personal laboral, deberán reflejarse para cada ejercicio presupuestario en la correspondiente ley de presupuestos.

9. d) Retribución diferida.

10. d) Como mínimo, se corresponderán a las del sueldo del Subgrupo o Grupo, en el supuesto de que este no tenga Subgrupo, en que aspiren a ingresar.

TEST N.º 10

El Presupuesto General de las Entidades Locales. Elaboración y aprobación. Ejecución del presupuesto de gastos: fases

1. Los Presupuestos Generales de las Entidades Locales constituyen de acuerdo con el Texto Refundido de la Ley Reguladora de las Haciendas Locales:

a) La expresión de las obligaciones que, como máximo, pueden reconocer la Entidad y sus Organismos Autónomos.

b) La expresión cifrada, conjunta y sistemática de las obligaciones que, como máximo, pueden reconocer la Entidad y sus Organismos Autónomos.

c) La expresión cifrada, general y sistemática de las obligaciones que, como máximo, pueden reconocer la Entidad y sus Organismos Autónomos.

d) La expresión contable, conjunta y sistemática de las obligaciones que, como máximo, pueden reconocer la Entidad y sus Organismos Autónomos.

2. Las Entidades Locales elaborarán y aprobarán anualmente un Presupuesto General en el que se integrarán:

a) El Presupuesto de los organismos autónomos dependientes.

b) Los estados de previsión de gastos e ingresos de las Sociedades Mercantiles cuyo capital social pertenezca íntegramente a la Entidad Local.

c) Las respuestas a) y b) son correctas.

d) El presupuesto agregado de la propia Entidad.

3. Es contenido mínimo de las Bases de Ejecución del Presupuesto:

a) Normas que regulen el procedimiento de ejecución del Presupuesto.

b) Regulación de las transferencias de créditos.

c) Niveles de vinculación jurídica de los créditos.

d) Todas respuestas son correctas.

4. ¿Qué norma regula la estructura de los Presupuestos de las Entidades Locales?

a) Orden EHA/3565/2006, de 3 de diciembre, por la que se aprueba la estructura de los Presupuestos de las Entidades Locales de los bienes de uso privado.
b) Orden EHA/3565/2008, de 3 de diciembre, por la que se aprueba la estructura de los Presupuestos de las Entidades Locales.
c) Orden de 20 de septiembre de 1989 por la que se establece la estructura de los presupuestos de las entidades locales.
d) Orden EHA/3565/2005, de diciembre, por la que se aprueba la estructura de los presupuestos de las entidades locales.

5. Dentro de las áreas de gasto del presupuesto, se incluye en el área de gasto 2 referente a Actuaciones de protección y promoción social:

a) Seguridad y movilidad ciudadana.
b) Pensiones.
c) Cultura.
d) Agricultura, ganadería y pesca.

6. ¿En qué área de gasto se incluye la política de gasto denominada "Infraestructuras"?

a) Actuaciones de carácter económico.
b) Actuaciones de carácter general.
c) Producción de bienes públicos de carácter preferente.
d) Deuda pública.

7. ¿En qué área de gasto se incluye la política de gasto denominada "Administración financiera y tributaria"?

a) Actuaciones de carácter general.
b) Actuaciones de carácter económico.
c) Actuaciones de protección y promoción social.
d) Producción de bienes públicos de carácter preferente.

8. ¿En qué área de gasto se incluye la política de gasto denominada "Sanidad"?

a) Producción de bienes públicos de carácter preferente.
b) Actuaciones de protección y promoción social.
c) Servicios públicos básicos.
d) Actuaciones de carácter general.

9. ¿En qué área de gasto se incluye la política de gasto denominada "Fomento del empleo"?

a) Servicios públicos básicos.
b) Actuaciones de protección y promoción social.

c) Actuaciones de carácter económico.

d) Actuaciones de carácter general.

10. En relación con la Clasificación Económica de los Gastos del Presupuesto de las Entidades Locales se distingue entre:

a) Operaciones abiertas y cerradas.

b) Operaciones limitadas y no limitadas.

c) Operaciones financieras y no financieras.

d) Operaciones a préstamo y liberadas.

En tu Curso MAD360 tienes más **preguntas de este tema** y todos tus avances quedan registrados.

¡MAD360, todo lo que necesitas para conseguir tu plaza!

Solución al test n.º 10

1. b) La expresión cifrada, conjunta y sistemática de las obligaciones que, como máximo, pueden reconocer la Entidad y sus Organismos Autónomos.

2. c) Las respuestas a) y b) son correctas.

3. d) Todas respuestas son correctas.

4. b) Orden EHA/3565/2008, de 3 de diciembre, por la que se aprueba la estructura de los Presupuestos de las Entidades Locales.

5. b) Pensiones.

6. a) Actuaciones de carácter económico.

7. a) Actuaciones de carácter general.

8. a) Producción de bienes públicos de carácter preferente.

9. b) Actuaciones de protección y promoción social.

10. c) Operaciones financieras y no financieras.

TEST N.º 11

Herramientas ofimáticas de Código Abierto (LibreOffice): Writer, el procesador de textos; Calc, la hoja de cálculos; Impress, el editor de presentaciones; Base, base de datos e interfaz con otras bases de datos

1. Para moverse al inicio del documento con el teclado, ¿qué debe pulsar?

a) RePág.
b) Inicio.
c) Ctrl + Inicio.
d) Alt + Inicio.

2. Para seleccionar todo el documento, ¿qué tecla debe pulsar?

a) Ctrl + E.
b) Ctrl + C.
c) Ctrl + V.
d) Ctrl + X.

3. ¿Qué tecla debe mantener pulsada para seleccionar junto con las teclas de desplazamiento (arriba, abajo, izquierda y derecha)?

a) Ctrl.
b) Enter.
c) Alt.
d) Shift.

4. La celda de la fila 2 y columna B, ¿cómo se referencia?

a) 2B.
b) B2.
c) Las dos opciones primeras son correctas.
d) Las dos opciones primeras son falsas.

5. ¿Cómo se referencia el rango que va de la celda A1 hasta la celda A10?

a) 1A:10A.
b) A10:A1.

c) A1:A10.
d) A1, A10.

6. ¿Cuántas columnas tiene una hoja de cálculo?

a) 3 por defecto.
b) Las que se ven en pantalla.
c) 65.635.
d) 1024.

7. En una tabla, el campo que tiene que tener siempre se denomina:

a) Llave primitiva.
b) Llave primaria.
c) Llave principal.
d) Llave óptima.

8. ¿En qué casos la llave primaria puede estar sin valor?

a) Cuando es de tipo Integer.
b) En ningún caso.
c) Cuando es de tipo fecha.
d) Cuando es de tipo Numeric.

9. En el tipo Integer, ¿hasta cuántos dígitos puede tener el dato?

a) Hasta 4.
b) Hasta 5.
c) Hasta 6.
d) Hasta 10.

10. El programa de LibreOffice de diapositivas se denomina:

a) Power Point.
b) Calc.
c) Writer.
d) Impress.

Solución al test n.º 11

1. c) Ctrl + Inicio.

2. a) Ctrl + E.

3. d) Shift.

4. b) B2.

5. a) 1A:10A.

6. d) 1024.

7. b) Llave primaria.

8. b) En ningún caso.

9. d) Hasta 10.

10. d) Impress.

TEST N.º 12

La Sede Electrónica. Portal de Internet. Sistemas de identificación de las Administraciones Públicas. Actuación administrativa automatizada. Sistemas de firma para la actuación administrativa automatizada

1. Se define como "dirección electrónica disponible para los ciudadanos a través de redes de telecomunicaciones cuya titularidad, gestión y administración corresponde a una Administración Pública, órgano o entidad administrativa en el ejercicio de sus competencias":

a) Sede electrónica.
b) Administración electrónica.
c) Página web de una Administración Pública.
d) Estándar abierto.

2. Los datos en formato electrónico anejos a otros datos electrónicos o asociados de manera lógica con ellos que utiliza el firmante para firmar, constituyen, según el Reglamento (UE) 910/2014:

a) La firma electrónica.
b) El certificado electrónico.
c) El expediente electrónico.
d) El documento electrónico.

3. Según el artículo 21.4 de la Ley 39/2015 (LPACAP), las Administraciones Públicas deben publicar y mantener actualizadas en el portal web, a efectos informativos, las relaciones de procedimientos de su competencia, con indicación de los plazos máximos de duración de los mismos, así como de:

a) Los órganos que los tramitan.
b) Los efectos que produzca el silencio administrativo.
c) Los modelos de petición de información.
d) Los requisitos para la iniciación de los procedimientos a instancia de los interesados.

4. Según el artículo 36.1 de la Ley 39/2015 (LPACAP), los actos administrativos se producirán por escrito a través de medios electrónicos:

a) En cualquier caso.

b) A menos que su naturaleza permita otra forma de expresión y constancia.

c) A menos que su naturaleza exija otra forma más adecuada de expresión y constancia.

d) A menos que el órgano instructor autorice otra forma más adecuada de expresión y constancia.

5. Se define en el artículo 39 de la LRJSP como el punto de acceso electrónico cuya titularidad corresponda a una Administración Pública, organismo público o entidad de Derecho Público que permite el acceso a través de internet a la información publicada y, en su caso, a la sede electrónica correspondiente:

a) Portal de transparencia.

b) Plataforma oficial.

c) Portal web.

d) Portal de internet.

6. Según el artículo 41.1 de la LRJSP, se entiende por actuación administrativa automatizada:

a) Cualquier acto o actuación realizada íntegramente a través de medios electrónicos por una Administración Pública en el marco de un procedimiento administrativo y en la que no haya intervenido de forma directa un empleado público.

b) Cualquier acto o actuación realizada al menos en parte a través de medios electrónicos por una Administración Pública en el marco de un procedimiento administrativo y en la que no haya intervenido de forma directa un empleado público.

c) Cualquier acto o actuación realizada íntegramente a través de medios electrónicos por una Administración Pública en el marco de un procedimiento administrativo y en la que haya intervenido de forma directa un empleado público.

d) Cualquier acto o actuación realizada al menos en parte a través de medios electrónicos por una Administración Pública en el marco de un procedimiento administrativo y en la que haya intervenido de forma directa un empleado público.

7. En relación con la firma electrónica del personal al servicio de las Administraciones Públicas, es cierto que:

a) En ningún caso, los sistemas de firma electrónica podrán referirse solo el número de identificación profesional del empleado público.

b) La actuación de una Administración Pública, órgano, organismo público o entidad de derecho público, cuando utilice medios electrónicos, se realizará mediante firma electrónica del titular del órgano o empleado público.

c) Cada Administración Pública determinará los sistemas de firma electrónica que debe utilizar su personal, los cuales deberán identificar de forma separada al titular del puesto de trabajo o cargo y a la Administración u órgano en la que presta sus servicios.

d) Con el fin de favorecer la interoperabilidad y posibilitar la verificación automática de la firma electrónica de los documentos electrónicos, cuando una Administración utilice sistemas de firma electrónica distintos de aquellos basados en certificado electrónico reconocido o cualificado, para remitir o poner a disposición de otros órganos, organismos públicos, entidades de Derecho Público o Administraciones la documentación firmada electrónicamente, deberá superponer un sello electrónico basado en un certificado electrónico reconocido.

8. Según el artículo 11 del Real Decreto 203/2021, de 30 de marzo, por el que se aprueba el Reglamento de actuación y funcionamiento del sector público por medios electrónicos, NO es un contenido mínimo que toda sede electrónica ha de poner a disposición de las personas interesadas:

a) La normativa reguladora del Registro al que se acceda a través de la sede electrónica.

b) La relación de sistemas de identificación y firma electrónica que sean admitidos o utilizados en la misma.

c) La identificación del acto o disposición de creación y el acceso al mismo, directamente o mediante enlace a su publicación en el Boletín Oficial correspondiente.

d) Relación histórica de los servicios, procedimientos y trámites publicados.

9. Según el artículo 38.3 de la LRJSP, cada Administración Pública determinará las condiciones e instrumentos de creación de las sedes electrónicas, con sujeción a varios principios, entre los que no figura el de:

a) Neutralidad.

b) Accesibilidad.

c) Coordinación.

d) Publicidad.

10. Conforme al artículo 9.2 de la LPACAP, los interesados podrán identificarse electrónicamente ante las Administraciones Públicas a través de cualquier sistema que cuente con un registro previo como usuario que permita garantizar su:

a) Identidad.

b) Motivación.

c) Consentimiento.

d) Ubicación.

En tu Curso MAD360 tienes más **preguntas de este tema** y todos tus avances quedan registrados.

¡MAD360, todo lo que necesitas para conseguir tu plaza!

Solución al test n.º 12

1. a) Sede electrónica.

2. a) La firma electrónica.

3. b) Los efectos que produzca el silencio administrativo.

4. c) A menos que su naturaleza exija otra forma más adecuada de expresión y constancia.

5. d) Portal de internet.

6. a) Cualquier acto o actuación realizada íntegramente a través de medios electrónicos por una Administración Pública en el marco de un procedimiento administrativo y en la que no haya intervenido de forma directa un empleado público.

7. b) La actuación de una Administración Pública, órgano, organismo público o entidad de derecho público, cuando utilice medios electrónicos, se realizará mediante firma electrónica del titular del órgano o empleado público.

8. d) Relación histórica de los servicios, procedimientos y trámites publicados.

9. c) Coordinación.

10. a) Identidad.

TEST PRÁCTICO

(1ᵉʳ ejercicio, segunda prueba)

Primer ejercicio (pruebas tipo test)

El primer ejercicio consistirá en la realización de dos pruebas tipo test –un test teórico y un test práctico– que se realizarán en el mismo día.

El tiempo de realización de este ejercicio será de **80 minutos**.

(...)

La **segunda prueba tipo test tendrá carácter práctico con 30 preguntas –más 5 preguntas de reserva–** con cuatro respuestas alternativas, de las cuales sólo una será la correcta, relacionadas con las **materias específicas** del Anexo de esta convocatoria.

Se penalizará por cada tres respuestas erróneas con una correcta o su parte proporcional, en caso de tener menos de tres respuestas incorrectas, no puntuando las respuestas en blanco.

Esta prueba se calificará de 0 a 10 puntos, debiéndose obtener una calificación mínima de 5.

MATERIAS ESPECÍFICAS

TEST N.º 1

El acto administrativo. Concepto, elementos, clases y requisitos. Eficacia y validez de los actos administrativos. La nulidad y anulabilidad. Recursos administrativos

María José es Alcaldesa en un municipio. Recientemente, ha dictado una serie de actos administrativos, aunque en la sede se desconoce a ciencia cierta la fecha de efectos que tendrán los mismos.

1. El primer acto es una instrucción dirigida a un servicio municipal, con el fin de impulsar su actividad. Este acto se dictó el 28 de noviembre de 2025 y no requiere su publicación ni notificación a interesados. Las actuaciones derivadas del acto comenzaron a materializarse el 3 de diciembre de 2025. ¿Cuál será su fecha de efectos?

a) Desde la fecha en que dictó el acto, es decir, el 28 de noviembre de 2025.
b) Desde la fecha en que se materializaron las actuaciones derivadas, es decir, el 3 de diciembre de 2025.
c) Desde la fecha en que se comunicó la decisión al Pleno corporativo.
d) Desde la fecha en que se comunicó la instrucción a la Junta de Gobierno Local.

2. El segundo de los actos fue la concesión de una licencia de primera ocupación a un ciudadano. La resolución de concesión fue dictada el 12 de enero de 2026, siendo notificada al ciudadano el 23 de enero del mismo año. ¿Cuál será su fecha de efectos?

a) No tendrá efecto alguno, pues el acto está incurso en causa de invalidez al no ser la Alcaldesa el órgano competente.
b) El 12 de enero de 2026.
c) El 23 de enero de 2026.
d) Este acto no es susceptible de notificación.

3. El tercer acto guarda relación con la resolución definitiva por la que se aprueba la relación de aprobados en un proceso selectivo, de fecha de 19 de enero de 2026. Este acto es de publicación obligatoria en el Boletín Oficial de la Provincia (BOP), publicación que tuvo lugar el 22 de enero de 2026. ¿Cuál será su fecha de efectos?

a) El acto tendrá efectos una vez que exista constancia de que todas las personas incluidas en la relación de aprobados tengan conocimiento de su contenido.
b) El 19 de enero de 2026.
c) El 22 de enero de 2026.
d) Una vez se haya comunicado a la Comunidad autónoma y al Estado.

4. Inicialmente, el acto de resolución definitiva que aprobó la relación de aprobados en el proceso selectivo fue aprobada por el tribunal del proceso selectivo, siendo este un órgano incompetente por razón de jerarquía para ello, pues lo que le corresponde legalmente es dictar la propuesta. ¿Qué supuesto se dio en relación a este acto?

a) Este acto está sujeto a una irregularidad no invalidante, no siendo necesaria ninguna actuación para que surtiera plenos efectos.
b) Este acto está sujeto a nulidad de pleno derecho, siendo susceptible de convalidación.
c) Este acto está sujeto a anulabilidad, siendo susceptible de convalidación.
d) El acto no está sujeto a irregularidad o causa de invalidez alguna.

5. Remitiendo al supuesto de la pregunta anterior, señala la opción incorrecta:

a) En caso de que el acto sea susceptible de convalidación, la fecha de efectos, por norma general, será la de la convalidación.
b) En caso de que el acto sea susceptible de convalidación, la fecha de efectos, por norma general, será aquella en la que fue originalmente dictado.
c) En este caso, con carácter excepcional, la convalidación podría producir efectos retroactivos.
d) Todas las opciones son incorrectas.

Otra de las actuaciones llevadas a cabo por la Alcaldesa consistió en desestimar las pretensiones de un vecino, causa por la cual este último interpuso el recurso procedente.

6. ¿Toda actividad administrativa resulta impugnable?

a) No, únicamente los actos que tengan un carácter definitivo.
b) No, únicamente los actos que tengan un carácter definitivo o de trámite, independientemente de su naturaleza.
c) No, únicamente los actos que tengan un carácter definitivo o de trámite, siempre que tengan un carácter cualificado.
d) Sí, sin excepción alguna.

7. ¿Qué recurso cabrá interponer en vía administrativa por el ciudadano?

a) Un recurso de alzada.
b) Un recurso potestativo de reposición.
c) Un recurso extraordinario de revisión.
d) No cabrá interponer recurso alguno contra esta decisión.

8. ¿En qué plazo deberá resolverse el recurso anterior, en caso de que resulte posible su interposición?

a) El plazo máximo para dictar y notificar la resolución del recurso será de un mes.
b) El plazo máximo para dictar y notificar la resolución del recurso será de dos meses.
c) El plazo máximo para dictar y notificar la resolución del recurso será de tres meses.
d) No cabrá interponer recurso alguno contra esta decisión.

9. ¿En cuál de los siguientes casos no podría haber inadmitido la Alcaldesa el recurso interpuesto, en caso de que procediera su interposición?

a) En caso de que el recurrente careciera de legitimación.
b) En caso de que el acto no fuera susceptible de recurso.
c) En caso de que haya transcurrido el plazo para la interposición del recurso.
d) En caso de no existir medios materiales o humanos suficientes para su resolución en plazo.

10. En el supuesto de que la Alcaldesa hubiera delegado la competencia para la resolución del recurso en el concejal competente por razón de la materia, ¿agotaría el acto la vía administrativa?

a) No, pues un concejal nunca agotará la vía administrativa en sus resoluciones, y dependerá de la aprobación de un superior.
b) No, pues un concejal nunca agotará la vía administrativa en sus resoluciones, aunque la eficacia del acto no dependerá de la aprobación de un superior.
c) Sí, al ser un acto dictado en virtud de la delegación de un órgano cuyas resoluciones agotan la vía administrativa.
d) Ello dependerá del contenido del Decreto por el cual se atribuye la delegación de la competencia.

En tu Curso MAD360 tienes más **preguntas de este tema** y todos tus avances quedan registrados.

¡MAD360, todo lo que necesitas para conseguir tu plaza!

Solución al test n.º 1

1. a) Desde la fecha en que dictó el acto, es decir, el 28 de noviembre de 2025.

2. c) El 23 de enero de 2026.

3. c) El 22 de enero de 2026.

4. c) Este acto está sujeto a anulabilidad, siendo susceptible de convalidación.

5. b) En caso de que el acto sea susceptible de convalidación, la fecha de efectos, por norma general, será aquella en la que fue originalmente dictado.

6. c) No, únicamente los actos que tengan un carácter definitivo o de trámite, siempre que tengan un carácter cualificado.

7. b) Un recurso potestativo de reposición.

8. a) El plazo máximo para dictar y notificar la resolución del recurso será de un mes.

9. d) En caso de no existir medios materiales o humanos suficientes para su resolución en plazo.

10. c) Sí, al ser un acto dictado en virtud de la delegación de un órgano cuyas resoluciones agotan la vía administrativa.

Concepto de personas interesadas. Pluralidad de personas interesadas. Derechos de las personas en sus relaciones con las Administraciones Públicas. Derecho y obligación de relacionarse electrónicamente con las Administraciones Públicas. Lengua de los procedimientos. El Registro electrónico. Archivo de documentos. Comunicaciones y notificaciones

Jonathan es vecino en un municipio del sur de España. En cumplimiento de un deber ciudadano, ha denunciado a José Carlos y a su amigo Miguel ante la Junta de Andalucía, debido a que los encontró causando desperfectos en el patrimonio histórico de la Plaza de España de Sevilla. El Ayuntamiento de Sevilla se ha personado en el procedimiento.

Por otro lado, Amalia, Julia, Paco y Ernesto han iniciado un procedimiento administrativo ante la Diputación de Sevilla, mediante solicitud conjunta, en relación a intereses no profesionales.

Además, Amalia es abogada con número de colegiada 123456789 y Julia es empleada pública de la Junta de Andalucía. Ernesto posee una pequeña empresa de fabricación de alfombras y Paco ha solicitado recientemente la prestación por desempleo.

1. ¿Quién no resultará estrictamente interesado en el procedimiento administrativo iniciado ante la Junta de Andalucía?

a) Jonathan, como denunciante.
b) José Carlos, como presunto infractor.
c) Miguel, como acompañante del presunto infractor.
d) El Ayuntamiento de Sevilla, que se personó en el procedimiento.

2. La Administración General del Estado posee, en calidad de titular, parte del patrimonio integrante de la Plaza de España de Sevilla. ¿Debe ser considerada como interesada en el procedimiento administrativo?

a) No, en ningún caso.

b) No, a menos que se persone en el mismo en tanto no haya recaído resolución definitiva.

c) Sí, por tener derechos que puedan resultar afectados por la decisión que en el mismo se adopte.

d) Ello dependerá de la decisión del órgano instructor del procedimiento.

3. En relación a la solicitud conjunta, en el caso de que no se haya designado un representante, y los sujetos aparezcan en el orden expuesto en el enunciado, ¿con quién deberá llevar a cabo las actuaciones la Diputación de Sevilla?

a) Con Amalia.

b) Con Julia.

c) Con Paco.

d) Con Ernesto.

4. Amalia ha iniciado un procedimiento administrativo para solicitar un vado, ya que ha adquirido en propiedad una finca que posee una entrada de vehículos que da a la calle peatonal. ¿Está obligada a comunicarse electrónicamente con la Administración para este trámite?

a) Sí, al ser profesional colegiada.

b) Sí, por ser un procedimiento iniciado ante una Administración Pública, en este caso el Ayuntamiento.

c) No, por ser un trámite no relacionado con su actividad profesional, salvo determinación reglamentaria.

d) No, las personas físicas nunca están obligadas a relacionarse electrónicamente con la Administración.

5. Julia ha solicitado una autorización de compatibilidad para un segundo puesto de trabajo en el sector público, habiendo presentado la solicitud en el registro físico de su Administración. ¿Resulta ello posible?

a) No, para este trámite deberá presentar su solicitud por medios electrónicos.

b) No, Julia deberá cursar toda solicitud ante la Administración por medios electrónicos, conforme determine reglamentariamente su Administración.

c) Sí, Julia podrá decidir si presentar el documento por medios electrónicos o de forma presencial.

d) Habrá de atenderse al desarrollo reglamentario que haya realizado su Administración.

6. Ernesto acaba de solicitar una subvención convocada por la Diputación de Sevilla para pequeños autónomos, en nombre de su empresa, mediante la presentación en el registro presencial de la Diputación de su solicitud. ¿Resulta ello posible?

a) No, como persona jurídica debe presentar su solicitud por medios electrónicos.

b) Sí, ya que podrá decidir en todo momento el medio de presentación.

c) Sí, de hecho, está obligado a presentar la solicitud de forma presencial.

d) No, al poseer una empresa, tanto cuando actúe en representación de esta como cuando no lo haga, deberá actuar ante la Administración por medios electrónicos.

7. ¿Qué efectos tendrá la presentación presencial de la solicitud en la situación expuesta en la pregunta anterior?

a) Se entenderá válidamente presentada.

b) La Diputación requerirá a Ernesto que subsane su solicitud a través de su presentación electrónica. Se considerará como fecha de presentación de la solicitud aquella en la que haya sido realizada la subsanación.

c) La Diputación requerirá a Ernesto que subsane su solicitud a través de su presentación electrónica. Se considerará como fecha de presentación de la solicitud aquella en que se hubiese realizado originalmente.

d) La Diputación inadmitirá la solicitud, archivándola sin más trámite.

8. ¿Cuál de los siguientes no es uno de los derechos que tendrá Paco, como ciudadano con capacidad de obrar, a la hora de relacionarse con la Administración?

a) A comunicarse con la Administración Pública a través del Punto de Acceso General electrónico.

b) A ser asistidos en el uso de medios electrónicos en sus relación con la Administración.

c) A utilizar las lenguas oficiales en el territorio de su Comunidad Autónoma.

d) A ser tratado con preferencia en el despacho de los asuntos que inicie por parte de las autoridades y empleados públicos.

9. Paco presentó su solicitud para el acceso a la prestación el sábado 31 de enero de 2026, de forma electrónica. ¿Cuándo se entenderá presentada su solicitud, a efectos del registro electrónico, entendiendo que tenía un plazo contado en días hábiles para efectuar esta solicitud?

a) El 31 de enero de 2026, día efectivo de la presentación.

b) El 1 de febrero de 2026, por ser el día siguiente al de la presentación en el registro electrónico.

c) El 2 de febrero de 2026, por ser el primer día hábil posterior a la presentación.

d) No se entenderá presentada, por haberse presentado en un día inhábil a efectos administrativos.

10. Amalia, Julia, Paco y Ernesto también han iniciado un procedimiento administrativo ante la Administración General del Estado, en el territorio de la Comunidad Valenciana y mediante solicitudes separadas, habiendo optado la Administración por acumular los procedimientos en uno sólo. No obstante, los interesados no se ponen de acuerdo en la lengua a utilizar en el procedimiento. ¿Cómo actuará la Administración General del Estado?

a) El procedimiento se tramitará en tantas lenguas como interesados que lo soliciten.

b) El procedimiento se tramitará en castellano, si bien los documentos o testimonios que requieran los interesados se expedirán en la lengua elegida por los mismos.

c) El procedimiento se tramitará en castellano, sin necesidad de que los documentos o testimonios que requieran los interesados se expidan en la lengua elegida por los mismos.

d) El procedimiento se tramitará en la lengua mayoritaria que soliciten los interesados.

En tu Curso MAD360 tienes más **preguntas de este tema** y todos tus avances quedan registrados.

¡MAD360, todo lo que necesitas para conseguir tu plaza!

Solución al test n.º 2

1. a) Jonathan, como denunciante.

2. c) Sí, por tener derechos que puedan resultar afectados por la decisión que en el mismo se adopte.

3. a) Con Amalia.

4. c) No, por ser un trámite no relacionado con su actividad profesional, salvo determinación reglamentaria.

5. b) No, Julia deberá cursar toda solicitud ante la Administración por medios electrónicos, conforme determine reglamentariamente su Administración.

6. a) No, como persona jurídica debe presentar su solicitud por medios electrónicos.

7. b) La Diputación requerirá a Ernesto que subsane su solicitud a través de su presentación electrónica. Se considerará como fecha de presentación de la solicitud aquella en la que haya sido realizada la subsanación.

8. d) A ser tratado con preferencia en el despacho de los asuntos que inicie por parte de las autoridades y empleados públicos.

9. c) El 2 de febrero de 2026, por ser el primer día hábil posterior a la presentación.

10. b) El procedimiento se tramitará en castellano, si bien los documentos o testimonios que requieran los interesados se expedirán en la lengua elegida por los mismos.

TEST N.º 3

El procedimiento administrativo común: iniciación, ordenación, instrucción y terminación. La obligación de resolver: el silencio administrativo

Sebastián es funcionario de carrera en la Diputación de Sevilla, y se le ha encomendado el impulso e instrucción de un procedimiento administrativo, iniciado a parte de un interesado, el cual no refleja plazo máximo de resolución y notificación en su normativa reguladora. El interesado registró su solicitud a través del registro electrónico de la Junta de Andalucía, con fecha de 9 de febrero de 2026, teniendo entrada en el registro electrónico de la Diputación de Sevilla el 10 de febrero.

1. ¿Cuál será el plazo máximo de resolución y notificación al interesado en este procedimiento?

a) La Diputación, salvo ampliación notificada al interesado, tendrá hasta el 9 de mayo de 2026 para resolver y notificar.
b) La Diputación, salvo ampliación notificada al interesado, tendrá hasta el 10 de mayo de 2026 para resolver y notificar.
c) La Diputación, salvo ampliación notificada al interesado, tendrá hasta el 9 de agosto de 2026 para resolver y notificar.
d) La Diputación, salvo ampliación notificada al interesado, tendrá hasta el 10 de agosto de 2026 para resolver y notificar.

2. La Diputación de Sevilla acordó la acumulación del procedimiento iniciado por el interesado con otro sustancialmente igual, notificándolo al interesado, el cual interpuso un recurso administrativo contra el acuerdo de acumulación. ¿Cómo deberá actuar la Administración?

a) Deberá resolver el recurso, dando respuesta motivada al interesado sobre su decisión de acumular los procedimientos.
b) Deberá resolver el recurso, sin necesidad de dar respuesta motivada al interesado sobre su decisión de acumular los procedimientos.

c) Deberá inadmitir a trámite el recurso, por ser un acto no susceptible de recurso.

d) Deberá inadmitir a trámite el recurso, por carecer de legitimación el recurrente.

3. En el caso de que una vez recibida y examinada la solicitud, Sebastián se hubiese dado cuenta de que la misma carecía de la firma del solicitante, ¿cómo debería haber actuado?

a) En este caso, debería haber requerido la subsanación al interesado, para que el mismo la realizase en el plazo de diez días naturales.

b) En este caso, debería haber requerido la subsanación al interesado, para que el mismo la realizase en el plazo de diez días hábiles.

c) En este caso, debería haber propuesto la resolución del procedimiento desestimando las pretensiones del interesado.

d) En este caso, debería haber propuesto la resolución del procedimiento declarando la caducidad, con el archivo de las actuaciones.

4. En la ordenación del procedimiento por parte de Sebastián, el mismo se encuentra elaborando el expediente administrativo. ¿Cuál de los siguientes documentos NO formará parte del mismo?

a) Un informe interno entre áreas de la Administración.

b) Un informe preceptivo solicitado de forma previa a la resolución administrativa.

c) La solicitud firmada por el solicitante.

d) Una proposición de prueba por parte del interesado.

5. En el caso de que el interesado desease alegar en el procedimiento administrativo, ¿en qué momento podrá hacerlo?

a) En cualquier momento del mismo, siempre que no haya recaído la resolución definitiva.

b) En cualquier momento del mismo, siempre que no haya recaído la propuesta de resolución.

c) En cualquier momento del mismo, siempre que no existan medidas cautelares que así lo impidan.

d) En cualquier momento del mismo, siempre que sea antes del trámite de audiencia en el procedimiento.

6. Sebastián solicitó un informe, con carácter facultativo, a un servicio de la Diputación de Sevilla. Transcurridos diez días, aún no lo había recibido. ¿Cómo deberá actuar el funcionario?

a) Podrá suspender la tramitación del procedimiento, hasta recibir el informe, independientemente del tiempo que tarde.

b) Podrá suspender la tramitación del procedimiento, hasta recibir el informe, con un máximo de tres meses y notificándose a los interesados.

c) Podrá proseguir las actuaciones.

d) Podrá elevar la consulta al Consejo de Ministros.

7. En el procedimiento, Sebastián acordó la apertura de un período de prueba por un plazo de quince días. Transcurrido el mismo, el interesado solicitó una apertura de un periodo extraordinario de prueba. ¿Deberá ser aceptada por Sebastián como instructor?

a) No, pues ya había acordado un periodo de prueba por un plazo de quince días, que se encuentra dentro de los límites legales.

b) No, pues la aceptación de este período extraordinario no resulta obligatorio para el instructor.

c) Sí, aunque su duración máxima será de diez días hábiles.

d) Sí, aunque su duración máxima será de quince días hábiles.

8. Una de las pruebas aportadas por el interesado del procedimiento fue considerada como improcedente por Sebastián. ¿Cómo deberá formalizar esta situación, para que sea dirigida al interesado?

a) Mediante resolución motivada.

b) Mediante acuerdo motivado.

c) Mediante decreto motivado.

d) Una prueba no puede rechazarse por el simple hecho de considerarse improcedente.

9. En el caso de que el interesado del procedimiento desee desistir o renunciar del mismo, ¿qué afirmación NO es correcta?

a) El desistimiento o la renuncia afectará a todos aquellos que sean considerados como interesados en el procedimiento.

b) El desistimiento y la renuncia podrán hacerse por cualquier medio que permita su constancia.

c) El desistimiento y la renuncia deberán incorporar las firmas correspondientes.

d) La Administración aceptará de plano el desistimiento o la renuncia y declarará concluso el procedimiento, salvo casos concretos.

10. Si la Administración no hubiese resuelto y notificado la resolución del procedimiento al interesado en el plazo establecido, siendo los efectos del silencio administrativo de carácter estimatorio, ¿cómo deberá ser la resolución expresa posterior de la Administración a la producción del silencio?

a) Sólo podrá ser confirmatoria del silencio, es decir, estimatoria.

b) No vinculará con el sentido del silencio, por lo que podrá ser tanto estimatoria como desestimatoria.

c) Sólo podrá ser desestimatoria, ya que del contrario no es necesario que la Administración resuelva.

d) La Administración no debe resolver de forma expresa en este tipo de situaciones.

En tu Curso MAD360 tienes más **preguntas de este tema** y todos tus avances quedan registrados.

¡MAD360, todo lo que necesitas para conseguir tu plaza!

Solución al test n.º 3

1. b) La Diputación, salvo ampliación notificada al interesado, tendrá hasta el 10 de mayo de 2026 para resolver y notificar.

2. c) Deberá inadmitir a trámite el recurso, por ser un acto no susceptible de recurso.

3. b) En este caso, debería haber requerido la subsanación al interesado, para que el mismo la realizase en el plazo de diez días hábiles.

4. a) Un informe interno entre áreas de la Administración.

5. d) En cualquier momento del mismo, siempre que sea antes del trámite de audiencia en el procedimiento.

6. c) Podrá proseguir las actuaciones.

7. b) No, pues la aceptación de este período extraordinario no resulta obligatorio para el instructor.

8. a) Mediante resolución motivada.

9. a) El desistimiento o la renuncia afectará a todos aquellos que sean considerados como interesados en el procedimiento.

10. a) Sólo podrá ser confirmatoria del silencio, es decir, estimatoria.

TEST N.º 4

El Municipio: concepto y elementos. Organización municipal. Competencias

El municipio andaluz de Villalibre posee 62.317 habitantes, conforme su padrón de habitantes actualizado, y no es capital de provincia, ni de Comunidad Autónoma ni sede de institución autonómica. Luis está empadronado en este municipio, aunque desconoce si ello es correcto, pues reside en el mismo 4 meses al año, mientras otros 5 meses los pasa en Villagrande y otros 2 meses en Villabella. Una porción del municipio se ha ido extendiendo hasta el punto de quedar separada de forma diferencia por un núcleo de población propio.

El municipio de Villalibre posee una organización propia, conformada por la alcaldía, la tenencia de alcaldía, el Pleno, la Junta de Gobierno Local y las comisiones informativas.

Los gestores políticos desean que esta organización acabe siendo un municipio de gran población, aunque desconocen los requisitos para ello. De igual forma, se encuentran preocupados pues deben cumplir con las competencias propias básicas, los servicios mínimos y debatir acerca de la aceptación o no de una competencia que les pretende delegar para su ejercicio la Comunidad Autónoma de Andalucía.

1. El municipio de Villalibre, ¿puede formar parte de dos provincias simultáneamente?

a) No, ello no es posible en ningún caso.

b) Sí, siempre que se cumpla con el procedimiento establecido por la Comunidad Autónoma, de forma excepcional.

c) Sí, siempre que se cumpla con el procedimiento establecido por la Comunidad Autónoma, de forma excepcional.

d) No, salvo que así lo permita expresamente una Ley Orgánica de las Cortes Generales.

2. La porción del municipio diferenciada del municipio de Villalibre, ¿podría constituirse como un municipio de forma separada?

a) No, ello no es posible en ningún caso.

b) Sí, conforme el procedimiento establecido por la Comunidad Autónoma, siempre que posean recursos suficientes para el cumplimiento de las competencias municipales y ello no suponga disminución en la calidad de los servicios que venían siendo prestados, debiendo tener un núcleo poblacional de al menos 3.000 habitantes.

c) Sí, conforme el procedimiento establecido por la Comunidad Autónoma, siempre que posean recursos suficientes para el cumplimiento de las competencias municipales y ello no suponga disminución en la calidad de los servicios que venían siendo prestados, debiendo tener un núcleo poblacional de al menos 4.000 habitantes.

d) Sí, conforme el procedimiento establecido por la Comunidad Autónoma, siempre que posean recursos suficientes para el cumplimiento de las competencias municipales y ello no suponga disminución en la calidad de los servicios que venían siendo prestados, debiendo tener un núcleo poblacional de al menos 5.000 habitantes.

3. ¿En qué municipio debería estar empadronado Luis, conforme la legislación vigente?

a) En Villalibre, como resulta actualmente.
b) En Villagrande.
c) En Villabella.
d) En el que desee, por términos de afinidad social y familiar.

4. ¿Cuál de los siguientes datos NO es necesario que quede registrada en la inscripción padronal de Luis, de acuerdo con la normativa básica?

a) Nombre y apellidos.
b) Sexo.
c) Número de hijos.
d) Lugar y fecha de nacimiento.

5. Según la organización municipal expuesta en el enunciado, ¿falta algún órgano, o por el contrario se encuentra completa?

a) La organización está completa, sin perjuicio de la existencia de otros órganos complementarios.
b) Faltan los concejales delegados y las Juntas Municipales de Distrito.
c) Falta la Comisión Especial de Cuentas.
d) La organización está completa, de hecho, no son obligatorias en este caso ni la Junta de Gobierno Local ni las Comisiones Informativas.

6. En el caso de que los gestores del municipio de Villalibre deseen crear la Comisión Especial de Sugerencias y Reclamaciones, ¿cómo deberán actuar?

a) No puede existir este órgano en este municipio, dada su población.
b) Deben aprobarlo por mayoría simple en sesión plenaria, o bien establecer la existencia del órgano en su reglamento orgánico.
c) Deben aprobarlo por mayoría absoluta en sesión plenaria, o bien establecer la existencia del órgano en su reglamento orgánico.
d) Deben aprobarlo por mayoría cualificada en sesión plenaria, o bien establecer la existencia del órgano en su reglamento orgánico.

7. ¿Qué población debería alcanzar conforme la cifra oficial de su padrón de habitantes para convertir en municipio de gran población?

a) Ya lo es, pues tiene más de 50.000 habitantes.
b) 250.000 habitantes.
c) 350.000 habitantes.
d) No podrá serlo en ningún caso, dadas sus características.

8. ¿Cuál de las siguientes NO es una competencia propia básica del municipio de Villalibre?

a) A planeamiento, gestión, ejecución y disciplina urbanística.
b) Infraestructura viaria y otros equipamientos de su titularidad
c) Policía local, protección civil, prevención y extinción de incendios
d) Atención, gestión y ejecución en materia de extranjería.

9. Según la población de Villalibre, ¿qué servicios mínimos, de entre los siguientes, deberá prestar?

a) Alumbrado público.
b) Protección civil.
c) Transporte colectivo urbano de pasajeros.
d) Todos las anteriores.

10. En relación a la competencia a delegar por la Comunidad Autónoma, y teniendo en cuenta que no se impone por Ley, ¿qué afirmación NO es cierta?

a) El acuerdo de aceptación será por el Pleno y requerirá mayoría simple.
b) La delegación será por un plazo mínimo de cinco años.
c) La delegación irá acompañada de los recursos necesarios para su ejercicio.
d) La Comunidad Autónoma podrá controlar el ejercicio de la competencia delegada.

En tu Curso MAD360 tienes más **preguntas de este tema** y todos tus avances quedan registrados.

¡MAD360, todo lo que necesitas para conseguir tu plaza!

Solución al test n.º 4

1. a) No, ello no es posible en ningún caso.

2. d) Sí, conforme el procedimiento establecido por la Comunidad Autónoma, siempre que posean recursos suficientes para el cumplimiento de las competencias municipales y ello no suponga disminución en la calidad de los servicios que venían siendo prestados, debiendo tener un núcleo poblacional de al menos 5.000 habitantes.

3. b) En Villagrande.

4. c) Número de hijos.

5. c) Falta la Comisión Especial de Cuentas.

6. c) Deben aprobarlo por mayoría absoluta en sesión plenaria, o bien establecer la existencia del órgano en su reglamento orgánico.

7. b) 250.000 habitantes.

8. d) Atención, gestión y ejecución en materia de extranjería.

9. d) Todos las anteriores.

10. a) El acuerdo de aceptación será por el Pleno y requerirá mayoría simple.

TEST N.º 5

La Provincia en el Régimen Local.
Organización y competencias

La provincia de Sevilla es integrante de la Comunidad Autónoma de Andalucía. Los miembros de su órgano de Gobierno, de régimen común, desean modificar los límites territoriales de la provincia, para lo cual solicitan la debida autorización e incoación del procedimiento al Consejo de Gobierno de Andalucía.

Debido a la celebración de elecciones municipales, la corporación provincial ha sido renovada, por lo que deben constituirse nuevamente todos los órganos integrantes de su organización básica, que resultan de existencia necesaria y obligatoria. Una vez conformados, estos órganos deberán ejercer las competencias que les son atribuidas legalmente. En total, la nueva corporación provincial está formada por un total de 31 diputados y diputadas.

Además, la corporación debe ejercer las competencias que les resultan propias, así como ejercer labores de coordinación en cuanto a las competencias a ejercer en aquellos municipios que, según su tamaño y recursos, necesitan de tales ayudas. También se encuentra en elaboración el Plan anual de obras y servicios municipales. Por otra parte, y para una mejor coordinación, la Administración del Estado pretende delegar a esta Administración una competencia.

1. ¿Cuál será el órgano de régimen común a constituir en el ámbito provincial, en este caso andaluz?

a) La Diputación Provincial.
b) Un Cabildo.
c) Un Consejo.
d) Cualquiera de las anteriores será igualmente válida.

2. En el supuesto expuesto, ¿podrán modificarse los límites territoriales bajo la incoación del procedimiento regulado por la Comunidad Autónoma?

a) No, pues ello requerirá la aprobación de las Cortes Generales del Estado, mediante Ley Ordinaria.
b) No, pues ello requerirá la aprobación de las Cortes Generales del Estado, mediante Ley Orgánica.

c) Sí, siempre que exista una Ley aprobada por el Parlamento de Andalucía.
d) Sí, siempre que exista un Decreto aprobado por el Consejo de Gobierno de Andalucía.

3. ¿Cuál de los siguientes órganos es de existencia necesaria en la Corporación?

a) Los Diputados Delegados.
b) Los Consejos Sectoriales.
c) Las comisiones informativas de los órganos decisorios.
d) Los órganos desconcentrados o descentralizados para la gestión de servicios

4. ¿Cuál de las siguientes NO es una de las competencias que serán atribuidas al Pleno de la corporación?

a) La aprobación de los planes de carácter provincial.
b) El control y la fiscalización de los órganos de gobierno.
c) La aprobación de la plantilla de personal.
d) La aprobación de la oferta de empleo público de acuerdo con el Presupuesto y la plantilla.

5. ¿Cuál de las siguientes NO es una de las competencias que serán atribuidas a la Presidencia de la corporación?

a) Dirigir el gobierno y la administración de la provincia.
b) Representar a la Diputación.
c) Dirigir, inspeccionar e impulsar los servicios y obras cuya titularidad o ejercicio corresponde a la Diputación Provincial.
d) El planteamiento de conflictos de competencias a otras Entidades locales y demás Administraciones públicas.

6. En el caso de que el Presidente de la corporación enferme durante un periodo prolongado, dejando el puesto vacante, ¿quién le sustituirá transitoriamente?

a) El Vicepresidente que corresponda por orden de nombramiento.
b) El Interventor General de la corporación.
c) El Vicepresidente del Área de la Presidencia.
d) El Secretario General del Pleno.

7. ¿Por cuántos miembros, como máximo, podrá estar conformada la Junta de Gobierno de la corporación?

a) Por un total de 9 diputados y diputadas, más la Presidencia.
b) Por un total de 10 diputados y diputadas, más la Presidencia.
c) Por un total de 9 diputados y diputadas, incluida la Presidencia.
d) Por un total de 10 diputados y diputadas, incluida la Presidencia.

8. ¿Con qué carácter periódico se deberá aprobar el plan provincial de cooperación a las obras y servicios de competencia municipal?

a) Con carácter semestral.
b) Con carácter anual.
c) Con carácter bianual.
d) No existe un periodo definido para ello.

9. Entre las competencias de la corporación provincial se encuentra la asistencia en la prestación de los servicios de gestión de la recaudación tributaria, en período voluntario y ejecutivo, y de servicios de apoyo a la gestión financiera en ciertos municipios. ¿En qué municipios debería ejercerse tal competencia?

a) En los de menos de 20.000 habitantes.
b) En los de menos de 30.000 habitantes.
c) En los de menos de 50.000 habitantes.
d) En todos los municipios de la provincia de Sevilla.

10. En relación a la competencia a delegar por la Administración del Estado a la administración provincial, ¿qué afirmación NO es correcta?

a) Deberá ser una competencia de mera ejecución.
b) La Comunidad Autónoma de Andalucía deberá resultar interesada en ello, y se requerirá consulta e informe previo de la misma.
c) La duración de la delegación no podrá ser inferior a cinco años.
d) El ejercicio de la competencia se financiará con los recursos de la Administración provincial.

En tu Curso MAD360 tienes más **preguntas de este tema** y todos tus avances quedan registrados.

¡MAD360, todo lo que necesitas para conseguir tu plaza!

Solución al test n.º 5

1. a) La Diputación Provincial.

2. b) No, pues ello requerirá la aprobación de las Cortes Generales del Estado, mediante Ley Orgánica.

3. c) Las comisiones informativas de los órganos decisorios.

4. d) La aprobación de la oferta de empleo público de acuerdo con el Presupuesto y la plantilla.

5. d) El planteamiento de conflictos de competencias a otras Entidades locales y demás Administraciones públicas.

6. a) El Vicepresidente que corresponda por orden de nombramiento.

7. b) Por un total de 10 diputados y diputadas, más la Presidencia.

8. b) Con carácter anual.

9. a) En los de menos de 20.000 habitantes.

10. d) El ejercicio de la competencia se financiará con los recursos de la Administración provincial.

Ordenanzas y reglamentos de las Entidades Locales. Procedimiento de elaboración y aprobación

La Diputación Provincial de Sevilla se encuentra elaborando y aprobando un nuevo reglamento orgánico. Son varias las cuestiones acerca de este procedimiento que deben resolverse por parte de los gestores municipales, con el fin de no incurrir en una posible causa de invalidez formal. Es por ello por lo que la intervención provincial se encuentra revisando los datos del expediente, a cuentas de dar el visto bueno de la viabilidad de las operaciones.

1. Primeramente, ¿cuál será el órgano provincial competente para aprobar el reglamento orgánico?

a) La Junta de Gobierno.
b) La comisión informativa de asuntos jurídicos.
c) El Pleno.
d) La Asesoría Jurídica.

2. El órgano competente ha planteado la posibilidad de delegar esta competencia. ¿Cuál de las siguientes opciones respecto a la posibilidad de delegación es correcta?

a) La aprobación de los reglamentos y ordenanzas podrá ser delegada en la Presidencia de la corporación.
b) La aprobación de los reglamentos y ordenanzas podrá ser delegada tanto en la Presidencia de la corporación como en un Diputado/a.
c) La aprobación de los reglamentos y ordenanzas podrá ser delegada en cualquiera de las comisiones informativas.
d) En el ámbito provincial, la aprobación de reglamentos y ordenanzas no es una competencia delegable.

3. ¿Qué mayoría requerirá la aprobación del nuevo reglamento orgánico?

a) Mayoría simple.
b) Mayoría absoluta.

c) Mayoría cualificada de tres quintos.

d) Mayoría cualificada de dos tercios.

4. La corporación provincial desea establecer un período de información pública, tras la aprobación inicial del órgano competente, de 20 días. ¿Resulta ello correcto?

a) No, pues el período mínimo de información pública debe ser de 30 días.

b) Sí, pues el período máximo de información pública es de 30 días, sin fijarse un mínimo en la normativa.

c) No, pues el período mínimo de información pública debe ser de 15 días.

d) Sí, pues el período máximo de información pública es de 20 días, sin fijarse un mínimo en la normativa.

5. ¿Dónde deberá publicarse el anuncio de información pública al que se refiere la pregunta anterior?

a) En el Boletín Oficial de la Provincia, en el Boletín Oficial de la Junta de Andalucía y en el Boletín Oficial del Estado.

b) En el Boletín Oficial de la Provincia, en el Boletín Oficial de la Junta de Andalucía y en el Boletín Oficial del Estado, además de en la Sede electrónica de la Diputación.

c) En el Boletín Oficial de la Provincia y en la Sede electrónica de la Diputación.

d) En el Boletín Oficial de la Provincia, en el Boletín Oficial del Estado y en la Sede electrónica de la Diputación.

6. En el caso de que no se presente ninguna reclamación en el período establecido para la información pública, ¿qué sucederá con el reglamento orgánico?

a) La aprobación inicial se entenderá aprobada de forma definitiva, siempre que se cuente con autorización del órgano competente de la Comunidad Autónoma.

b) La aprobación inicial se entenderá aprobada de forma definitiva, sin más trámite.

c) Se requerirá la ulterior aprobación de la Presidencia de la Corporación.

d) Se requerirá una nueva votación, por idéntica mayoría requerida para la aprobación inicial.

7. ¿Cuándo entrará en vigor, con carácter definitivo, el reglamento orgánico?

a) Cuando se haya publicado en el Boletín Oficial de la Provincia (BOP) y hayan transcurrido 15 días desde que el Estado y la Comunidad Autónoma reciban la documentación relativa a la suscripción del acuerdo, para una posible impugnación.

b) Cuando se haya publicado en el Boletín Oficial del Estado (BOE) y hayan transcurrido 15 días desde que el Estado y la Comunidad Autónoma reciban la documentación relativa a la suscripción del acuerdo, para una posible impugnación.

c) Cuando se haya publicado en el Boletín Oficial de la Provincia (BOP) y hayan transcurrido 5 días desde que el Estado y la Comunidad Autónoma reciban la documentación relativa a la suscripción del acuerdo, para una posible impugnación.

d) Cuando se haya publicado en el Boletín Oficial del Estado (BOE) y hayan transcurrido 5 días desde que el Estado y la Comunidad Autónoma reciban la documentación relativa a la suscripción del acuerdo, para una posible impugnación.

8. En el caso de no respetarse el plazo establecido en la normativa para la información pública, ¿qué posible impacto tendrá respecto al procedimiento?

a) No tendrá impacto alguno, siempre que haya alcanzado correctamente su fin.

b) No tendrá impacto alguno, siempre que no se hubiese presentado ninguna reclamación.

c) Será nulo de pleno derecho, por haberse dictado prescindiendo total y absolutamente del procedimiento legalmente establecido.

d) Será anulable, por tratarse de una desviación de poder.

9. En el caso de que en el futuro se pretenda modificar el reglamento orgánico vigente, ¿qué procedimiento habrá de seguirse?

a) El mismo que para la elaboración y aprobación de un nuevo reglamento orgánico.

b) Un procedimiento sumario, sin necesidad de que exista consulta popular.

c) Un procedimiento sumario, sin necesidad de que exista información pública.

d) Un procedimiento sumario, sin necesidad de que exista aprobación inicial.

10. El año anterior a la elaboración y aprobación del reglamento orgánico, deberá incluirse la planificación de esta actuación en el Plan Normativo. ¿Qué carácter temporal tendrá dicho plan?

a) Semestral.

b) Anual.

c) Bianual.

d) Trienal.

En tu Curso MAD360 tienes más **preguntas de este tema** y todos tus avances quedan registrados.

¡MAD360, todo lo que necesitas para conseguir tu plaza!

Solución al test n.º 6

1. c) El Pleno.

2. d) En el ámbito provincial, la aprobación de reglamentos y ordenanzas no es una competencia delegable.

3. b) Mayoría absoluta.

4. a) No, pues el período mínimo de información pública debe ser de 30 días.

5. c) En el Boletín Oficial de la Provincia y en la Sede electrónica de la Diputación.

6. b) La aprobación inicial se entenderá aprobada de forma definitiva, sin más trámite.

7. a) Cuando se haya publicado en el Boletín Oficial de la Provincia (BOP) y hayan transcurrido 15 días desde que el Estado y la Comunidad Autónoma reciban la documentación relativa a la suscripción del acuerdo, para una posible impugnación.

8. c) Será nulo de pleno derecho, por haberse dictado prescindiendo total y absolutamente del procedimiento legalmente establecido.

9. a) El mismo que para la elaboración y aprobación de un nuevo reglamento orgánico.

10. b) Anual.

Tipos de contratos del Sector Público. Elementos del contrato. Preparación de los contratos. Clases de expedientes de contratación

La Diputación de Sevilla pretende celebrar los siguientes contratos, los cuáles son todos típicos o clásicos de los regulados en la normativa de referencia:

1. **Un contrato para la adquisición de energía primaria con un proveedor nacional, por un periodo de cinco años, prorrogable por otros dos, y un valor estimado de 165.000 euros.**

2. **Un contrato para la explotación de un recinto de tiempo libre de su propiedad, que incluye una piscina, bajo tarifa y bajo riesgo del empresario adjudicatario, por un periodo de 15 años, prorrogable por otros cinco, y un valor estimado de tres millones de euros.**

3. **Un contrato para la creación de un programa hecho a medida, con el fin de gestionar los recursos humanos de la corporación, con duración de dos años, prorrogable por otro más, y valor estimado de 250.000 euros.**

El primero de los contratos se pretende licitar con carácter de urgencia. Respecto al segundo contrato, ya se ha elaborado el expediente, por lo que falta la aprobación del mismo previamente a la licitación. En cuanto al tercero, la corporación pretende celebrarlo mediante el procedimiento abierto, aunque desde el departamento se contempla la posibilidad de realizar algún procedimiento más ágil.

1. ¿Qué carácter posee la Diputación de Sevilla respecto a estos contratos?

a) Administración Pública.
b) Poder adjudicador pero no Administración Pública.
c) Entidad del sector Público pero no poder adjudicador.
d) Sector público institucional.

2. ¿Qué tipo de contrato es el primero?

a) Servicio.
b) Suministro.

c) Concesión de servicios.
d) Concesión de obras.

3. ¿Qué tipo de contrato es el segundo?

a) Servicio.
b) Suministro.
c) Concesión de servicios.
d) Concesión de obras.

4. ¿Qué tipo de contrato es el tercero?

a) Servicio.
b) Suministro.
c) Concesión de servicios.
d) Concesión de obras.

5. ¿Queda alguno de los contratos sujeto a regulación armonizada?

a) El primero.
b) El segundo.
c) El tercero.
d) Ninguno.

6. ¿Es la duración estipulada para los diferentes contratos correcta?

a) Sí, para todos ellos.
b) No, la duración del primero no es correcta.
c) No, la duración del segundo no es correcta.
d) No, la duración del tercero no es correcta.

7. En relación al carácter de urgencia del segundo contrato, y una vez que sea formalizado, ¿en qué plazo, como máximo, deberá comenzar la ejecución de las prestaciones?

a) 10 días.
b) 15 días.
c) 20 días.
d) Un mes.

8. ¿Cómo se aprobará el expediente de contratación?

a) Mediante acuerdo motivado del órgano de contratación.
b) Mediante resolución motivada del órgano de contratación.

c) Mediante acuerdo motivado de la mesa de contratación.

d) Mediante resolución motivada de la mesa de contratación.

9. Para una mayor agilidad en la tramitación del tercer contrato, ¿qué procedimiento podría seguirse?

a) Se podría tramitar como un contrato menor.

b) Por su cuantía, podría tramitarse por el procedimiento abierto simplificado.

c) Por su cuantía, podría tramitarse por el procedimiento abierto simplificado abreviado.

d) Por su cuantía, de escogerse el procedimiento abierto, sólo podría tramitarse a través del procedimiento abierto ordinario.

10. ¿Cuál de los siguientes no es un documento de preceptiva inclusión en el expediente de contratación del segundo contrato?

a) La elección del procedimiento de licitación.

b) La necesidad de la Administración a la que se pretende dar satisfacción mediante la contratación de las prestaciones correspondientes; y su relación con el objeto del contrato, que deberá ser directa, clara y proporcional.

c) Los criterios de solvencia técnica o profesional, y económica y financiera, y los criterios que se tendrán en consideración para adjudicar el contrato, así como las condiciones especiales de ejecución del mismo.

d) El precio de adjudicación del contrato.

En tu Curso MAD360 tienes más **preguntas de este tema** y todos tus avances quedan registrados.

¡MAD360, todo lo que necesitas para conseguir tu plaza!

Solución al test n.º 7

1. a) Administración Pública.

2. b) Suministro.

3. c) Concesión de servicios.

4. a) Servicio.

5. c) El tercero.

6. b) No, la duración del primero no es correcta.

7. d) Un mes.

8. b) Mediante resolución motivada del órgano de contratación.

9. d) Por su cuantía, de escogerse el procedimiento abierto, sólo podría tramitarse a través del procedimiento abierto ordinario.

10. d) El precio de adjudicación del contrato.

El personal al servicio de la Administración Local. El personal funcionario público: clases, selección, situaciones administrativas

La Diputación de Sevilla ha aprobado su oferta de empleo público (OEP) para el año 2025, con fecha de abril de 2025, incluyendo varias plazas con previsión de cubrir por funcionarios de carrera.

Carlos ha obtenido plaza como funcionario de carrera en uno de los procesos selectivos. Dos de sus amigos trabajan en la corporación: Gabriel, como personal eventual; y Javier, como funcionario interino en ejecución de un programa de carácter temporal.

Una vez tomó posesión, Carlos solicitó una excedencia por cuidado de familiares, y a los dos años permaneciendo en la misma, volvió a solicitar otra por un sujeto causante distinto. Una vez reingresó al servicio activo, permaneció en el mismo durante tres años, momento en el cual le instruyeron un expediente disciplinario y, ante ello, solicitó una excedencia voluntaria por interés particular.

1. ¿Cuál de los siguientes no es una de las clases de empleados públicos que trabaja en esta Administración local?

a) Funcionarios de carrera.
b) Personal eventual.
c) Personal laboral.
d) Personal directivo profesional.

2. ¿Hasta cuándo podrá ejecutar la Diputación de Sevilla, mediante la respectiva convocatoria de las plazas, la oferta de empleo público (OEP) aprobada en abril de 2025?

a) Hasta abril de 2026.
b) Hasta abril de 2027.
c) Hasta abril de 2028.
d) Hasta abril de 2029.

3. ¿Cuál de los siguientes no es uno de los requisitos que se le exigieron a Carlos para la obtención de la condición de funcionario de carrera?

a) Poseer la capacidad funcional para el desempeño de las tareas.

b) Tener cumplidos dieciocho años y no exceder, en su caso, de la edad máxima de jubilación forzosa.

c) No haber sido separado mediante expediente disciplinario del servicio de cualquiera de las Administraciones Públicas.

d) Poseer la titulación exigida.

4. Catalina, amiga de Carlos, le ha preguntado acerca de la posibilidad de presentarse en un proceso selectivo, para adquirir la condición de funcionaria de carrera. Ella no posee nacionalidad española, sino italiana. ¿Posee el requisito de la nacionalidad para adquirir la condición de funcionaria?

a) Sí, al ser nacional de un estado miembro de la Unión Europea, salvo excepciones.

b) No, al no poseer la nacionalidad española.

c) La nacionalidad no es, en ningún caso, un requisito para adquirir la condición de funcionaria de carrera.

d) No, salvo que sea cónyuge de un nacional español.

5. ¿Qué duración, como máximo y de acuerdo con la normativa, tendrá el nombramiento como funcionario interino de Javier para la ejecución del programa de carácter temporal?

a) Una duración no superior a dos años, ampliable hasta doce meses más conforme la Ley de Función Pública de Andalucía.

b) Una duración no superior a tres años, ampliable hasta doce meses más conforme la Ley de Función Pública de Andalucía.

c) Una duración no superior a dos años, ampliable hasta dieciocho meses más conforme la Ley de Función Pública de Andalucía.

d) Una duración no superior a tres años, ampliable hasta dieciocho meses más conforme la Ley de Función Pública de Andalucía.

6. En relación a la condición de personal eventual de Gabriel, ¿qué afirmación es correcta?

a) Los méritos que adquiera, como por ejemplo la antigüedad, le servirán en el futuro si adquiere la condición de funcionario o personal laboral.

b) Su nombramiento y cese son libres por parte del Pleno de la corporación.

c) Cesará automáticamente en el momento en el que cese la autoridad que le nombró.

d) El puesto que ocupe podrá ser cualquiera establecido para los funcionarios o el personal laboral en la relación de puestos de trabajo.

7. Años después a la toma de posesión de Carlos, este perdió la condición de funcionario, aunque fue rehabilitado, tras su solicitud, tiempo después. ¿Por qué causa de entre las siguientes perdió la condición de funcionario?

a) Pérdida de la nacionalidad habilitante.
b) Renuncia formalizada por escrito.
c) Renuncia formalizada de forma oral ante su superior jerárquico.
d) Jubilación forzosa, al cumplir la edad máxima de 70 años.

8. En cuanto a la selección del personal por parte de la Diputación de Sevilla, Carlos afirmó, en conversación con un amigo cercano, que le corresponde a la corporación la selección de todo su personal funcionario. ¿Es ello de tal forma?

a) Sí, sin excepción.
b) Sí, salvo lo que respecta a los funcionarios con habilitación nacional.
c) Sí, salvo lo que respecta al personal eventual.
d) Sí, salvo lo que respecta al personal político.

9. ¿Cuánto tiempo podrá permanecer Carlos en la segunda excedencia por cuidado de familiares que solicitó?

a) No es posible encadenar dos excedencias por cuidado de familiares de forma consecutiva.
b) Un máximo de un año, pues ya venía disfrutando de una excedencia durante dos años.
c) Un máximo de tres años.
d) Un máximo de cuatro años, pues serían tres años que se suman al que le restaba por disfrutar de la primera.

10. En relación a la excedencia voluntaria por interés particular que Carlos solicitó, ¿le será concedida por parte de la corporación local?

a) No, siendo el motivo que no ha desempeñado, al menos, cinco años de servicios efectivos en la Administraciones Públicas en los cinco años inmediatamente anteriores.
b) No, al menos hasta la resolución del procedimiento disciplinario, y en su caso, hasta el cumplimiento de la correspondiente sanción.
c) Sí, pues posee más de dos años de servicios efectivos en las Administraciones Públicas.
d) Sí, pues este tipo de excedencia no requiere requisitos para su concesión.

En tu Curso MAD360 tienes más **preguntas de este tema** y todos tus avances quedan registrados.

¡MAD360, todo lo que necesitas para conseguir tu plaza!

Solución al test n.º 8

1. d) Personal directivo profesional.

2. c) Hasta abril de 2028.

3. b) Tener cumplidos dieciocho años y no exceder, en su caso, de la edad máxima de jubilación forzosa.

4. a) Sí, al ser nacional de un estado miembro de la Unión Europea, salvo excepciones.

5. b) Una duración no superior a tres años, ampliable hasta doce meses más conforme la Ley de Función Pública de Andalucía.

6. c) Cesará automáticamente en el momento en el que cese la autoridad que le nombró.

7. a) Pérdida de la nacionalidad habilitante.

8. b) Sí, salvo lo que respecta a los funcionarios con habilitación nacional.

9. c) Un máximo de tres años.

10. b) No, al menos hasta la resolución del procedimiento disciplinario, y en su caso, hasta el cumplimiento de la correspondiente sanción.

TEST N.º 9

Derechos y deberes del personal de las Administraciones Públicas. El régimen de provisión de puestos de trabajo. Régimen de incompatibilidad y régimen disciplinario

Lina es funcionaria de carrera de una corporación local andaluza. Debido a que no lleva mucho ejerciendo, se ha acercado a la unidad de recursos humanos del departamento a realizar algunas preguntas, que entre otras son las siguientes:

– **¿Qué derechos y qué deberes tengo como funcionaria de carrera?**

– **¿Puedo ejercer otra actividad pública simultáneamente? ¿Y una actividad privada? Soy investigadora y realizo publicaciones sobre lo que investigo, ¿debo pedir una compatibilidad?**

– **¿Puedo ponerme en huelga? ¿Y si ello involucra abandonar mi puesto de trabajo?**

– **¿Debo quedarme siempre en el mismo puesto de trabajo o existe alguna fórmula para desplazarme a otro puesto?**

1. ¿Cuál de los siguientes no es uno de los derechos individuales que posee Lina como funcionaria de carrera?

a) A la progresión en la carrera profesional y promoción interna.

b) A la formación continua y a la actualización permanente de sus conocimientos y capacidades profesionales, preferentemente fuera del horario laboral.

c) A participar en la consecución de los objetivos atribuidos a la unidad donde preste sus servicios.

d) A la adopción de medidas que favorezcan la conciliación de la vida personal, familiar y laboral.

2. Uno de los derechos que se le indica a Lina es el relativo a la obtención de retribuciones por el desempeño efectivo de su puesto de trabajo. ¿Cómo se clasifican las retribuciones de los funcionarios?

a) Exclusivamente en básicas, siendo el sueldo y los trienios.

b) En básicas y complementarias.

c) En básicas y extraordinarias.

d) En básicas, complementarias y extraordinarias.

3. Una vez percibida por primera vez la paga extraordinaria relativa al mes de junio, Lina se extraña pues no corresponde con la totalidad de su nómina ordinaria. ¿A qué se debe?

a) A un error, pues la paga extraordinaria debe incluir la totalidad de los componentes retributivos.

b) A que la paga extraordinaria no incluye las retribuciones básicas, sólo las complementarias.

c) A que la paga extraordinaria no incluye las retribuciones complementarias que no sean fijas y periódicas en su devengo, como puede ser la productividad o las gratificaciones.

d) A que la paga extraordinaria no incluye las retribuciones básicas que no sean fijas y periódicas en su devengo, como puede ser la productividad o las gratificaciones.

4. Lina ha descartado el ejercicio de un segundo puesto público, pero una amiga le ha propuesto ser su socia mediante la participación en una sociedad concesionaria con las Administraciones Públicas, entre las cuales no se encuentra su corporación local. ¿Resulta ello posible o incompatible?

a) Sí, resulta posible, sin necesidad de autorización de compatibilidad, pues esta sociedad no es concesionaria respecto con su Administración.

b) Sí, resulta posible siempre que posea autorización de compatibilidad y sus participaciones no superen el 10 por ciento del capital de la Sociedad en cuestión.

c) Sí, resulta posible siempre que posea autorización de compatibilidad y sus participaciones no superen el 15 por ciento del capital de la Sociedad en cuestión.

d) No, es incompatible en todo caso.

5. En cuanto a la posibilidad de Lina de realizar investigaciones científicas y publicar al respecto, ¿resulta ello posible sin autorización de compatibilidad?

a) No, requerirá autorización de compatibilidad para ello.

b) No, al ser una actividad privada.

c) Sí, siempre que no se genere una relación de empleo o de prestación de servicios.

d) Sí, siempre que en sus publicaciones añada su condición de empleada pública.

6. ¿Puede Lina ponerse en huelga?

a) No, los funcionarios no poseen tal derecho.

b) No, salvo que, al menos, el 50 por ciento de su colectivo también lo haga.

c) Sí, siempre que esté debidamente convocada y con la antelación prevista legalmente, respetando los servicios mínimos.

d) Sí, siempre que esté debidamente convocada y sin necesidad de respetar servicios mínimos, por ser un derecho de ejercicio colectivo.

7. Un compañero de Lina, Manuel, indujo a otro compañero para obstaculizar una huelga convocada por un sindicato. ¿Qué infracción habrá cometido Manuel?

a) Una infracción muy grave.
b) Una infracción grave.
c) Una infracción leve.
d) Ninguna, pues no fue él el que cometió la falta, sino su compañero.

8. ¿Cuál es el plazo de prescripción de la falta expresada en la pregunta anterior?

a) Tres años desde su comisión.
b) Dos años desde su comisión.
c) Seis meses desde su comisión.
d) Ninguno, pues la actuación no es constitutiva de falta.

9. Lina desea participar en un concurso general para obtener un nuevo puesto de trabajo con carácter definitivo. ¿Cuál de las siguientes afirmaciones no es correcta con respecto al concurso?

a) Deberá ser a través de una convocatoria pública.
b) Se requerirán dos años de permanencia en el puesto de trabajo.
c) Consistirá en la valoración de méritos de los participantes.
d) El nombramiento y cese de aquellos seleccionados será libre y discrecional.

10. Lina no obtuvo un puesto de trabajo en el concurso, por lo que se está planteando ejercer alguna otra forma de movilidad. En el ámbito local andaluz, ¿cuál de los siguientes no es un mecanismo para la movilidad?

a) La movilidad voluntaria provisional.
b) La adscripción provisional.
c) La permuta.
d) La movilidad por cuidado de familiares.

Solución al test n.º 9

1. b) A la formación continua y a la actualización permanente de sus conocimientos y capacidades profesionales, preferentemente fuera del horario laboral.

2. b) En básicas y complementarias.

3. c) A que la paga extraordinaria no incluye las retribuciones complementarias que no sean fijas y periódicas en su devengo, como puede ser la productividad o las gratificaciones.

4. b) Sí, resulta posible siempre que posea autorización de compatibilidad y sus participaciones no superen el 10 por ciento del capital de la Sociedad en cuestión.

5. c) Sí, siempre que no se genere una relación de empleo o de prestación de servicios.

6. c) Sí, siempre que esté debidamente convocada y con la antelación prevista legalmente, respetando los servicios mínimos.

7. a) Una infracción muy grave.

8. a) Tres años desde su comisión.

9. d) El nombramiento y cese de aquellos seleccionados será libre y discrecional.

10. d) La movilidad por cuidado de familiares.

TEST N.º 10

El Presupuesto General de las Entidades Locales. Elaboración y aprobación. Ejecución del presupuesto de gastos: fases

La Diputación de Sevilla se encuentra en trámite de elaborar y aprobar sus presupuestos para el ejercicio presupuestario 2027.

Una vez aprobado el presupuesto, es necesario llevar a cabo la ejecución presupuestaria sobre el ejercicio de referencia, en lo que refiere a la ejecución del presupuesto de gastos. Algunas de las partidas presupuestarias son las siguientes:

Partida presupuestaria	Créditos iniciales
3201.17000.12000	1.000.000 euros
3201.17000.22699	1.000.000 euros

1. ¿Cuál es el órgano competente para elaborar los presupuestos en la corporación local?

a) El Pleno.
b) La Presidencia.
c) La Comisión Especial de Cuentas.
d) Los presupuestos se elaboran por una empresa externa.

2. La Diputación de Sevilla posee varios Organismos Autónomos vinculados, como por ejemplo el OPAEF, así como sociedades mercantiles vinculadas, como por ejemplo PRODETUR. ¿Deberán remitir sus presupuestos para integrarlos en el presupuesto general a aprobar?

a) No, no resulta necesario, basta con que tengan sus presupuestos independientes y diferenciados.
b) Sí, con fecha límite del 15 de septiembre del año anterior al que se refieran los presupuestos.
c) Sí, con fecha límite del 1 de octubre del año anterior al que se refieran los presupuestos.
d) Sí, con fecha límite del 31 de diciembre del año anterior al que se refieran los presupuestos.

3. ¿Cuál de los siguientes no forma parte del contenido de los presupuestos generales?

a) Los estados de gastos.
b) Los estados de ingresos.
c) Las bases de ejecución del presupuesto.
d) Las bases de previsión del presupuesto.

4. El presupuesto debe incluir, con carácter obligatorio, una serie de anexos. ¿Cuál es uno de ellos?

a) Los planes y programas de inversión y financiación que, para un plazo de un año, podrán formular los municipios y demás entidades locales de ámbito supramunicipal.
b) Los programas anuales de actuación, inversiones y financiación de las sociedades mercantiles de cuyo capital social no sea titular único o partícipe mayoritario la entidad local.
c) El estado de consolidación del presupuesto de la propia entidad, sin los presupuestos y estados de previsión de sus organismos autónomos y sociedades mercantiles.
d) El estado de previsión de movimientos y situación de la deuda.

5. Una vez elaborado el presupuesto, se remitió de forma íntegra para su aprobación inicial. No obstante, y de forma previa a la aprobación definitiva, se publicó el respectivo anuncio de información en el Boletín Oficial de la Provincia, por el plazo tasado legalmente. ¿Cuál es este plazo?

a) Es un plazo de mínimo 10 días y de máximo 30 días.
b) Es un plazo de un mes.
c) Es un plazo de mínimo 15 días y de máximo 30 días.
d) Es un plazo de 15 días.

6. Una vez aprobado definitivamente el presupuesto, entró en vigor en el ejercicio presupuestario 2027, previa la publicación correspondiente. Uno de los vecinos, que no participó en la información pública, desea impugnar el presupuesto una vez entró en vigor. ¿Resulta ello posible?

a) No, al no haber participado en la información pública.
b) No, al estar en vigor el presupuesto.
c) Sí, a través de un recurso contencioso-administrativo dentro de los plazos legales.
d) Sí, a través de un recurso administrativo dentro de los plazos legales.

7. En la partida presupuestaria 3201.17000.22699, ¿a qué corresponden los dígitos 17000?

a) A la clasificación funcional o por programas.
b) A la clasificación orgánica.
c) A la clasificación económica.
d) A la clasificación especial.

8. La corporación pretende la realización de un gasto previamente autoriza-do, por un importe exactamente determinado, respecto la partida presupuestaria 3201.17000.22699, por importe de 500.000 euros. ¿Qué fase del procedimiento de gastos estará acometiendo?

a) La disposición del gasto.
b) El reconocimiento de la obligación.
c) La ordenación del pago.
d) El pago material con la debida salida de los fondos de la tesorería de la entidad.

9. La entidad desea acumular dos fases del procedimiento de gastos en una sola, ¿resulta ello posible?

a) No, en ningún caso.
b) Sí, se podrá acumular la autorización del gasto con la ordenación del pago.
c) Sí, se podrá acumular la autorización del gasto con la disposición del gasto.
d) Sí, se podrá acumular la autorización del gasto con el reconocimiento de la obligación.

10. Dado el momento de la ejecución presupuestaria de un gasto, corresponde la ordenación del pago respecto al mismo. ¿Cuál es el órgano competente para ello?

a) El Pleno.
b) La Presidencia.
c) La Comisión Especial de Cuentas.
d) Una empresa externa.

En tu Curso MAD360 tienes más **preguntas de este tema** y todos tus avances quedan registrados.

¡MAD360, todo lo que necesitas para conseguir tu plaza!

Solución al test n.º 10

1. b) La Presidencia.

2. b) Sí, con fecha límite del 15 de septiembre del año anterior al que se refieran los presupuestos.

3. d) Las bases de previsión del presupuesto.

4. d) El estado de previsión de movimientos y situación de la deuda.

5. d) Es un plazo de 15 días.

6. c) Sí, a través de un recurso contencioso-administrativo dentro de los plazos legales.

7. a) A la clasificación funcional o por programas.

8. a) La disposición del gasto.

9. c) Sí, se podrá acumular la autorización del gasto con la disposición del gasto.

10. b) La Presidencia.

Herramientas ofimáticas de Código Abierto (LibreOffice): Writer, el procesador de textos; Calc, la hoja de cálculos; Impress, el editor de presentaciones; Base, base de datos e interfaz con otras bases de datos

Acabas de aprobar los exámenes del proceso selectivo de auxiliares administrativos de la Diputación de Sevilla y, una vez tomas posesión, comienzas a ejercer en tu nuevo puesto de trabajo. Una vez allí, te encargan una serie de tareas que requieren la utilización de diversos programas del paquete de Libreoffice.

1. Utilizando el Writer, deseas que los errores ortográficos sean corregidos automáticamente, conforme el diccionario en español. ¿Cómo puedes hacerlo?

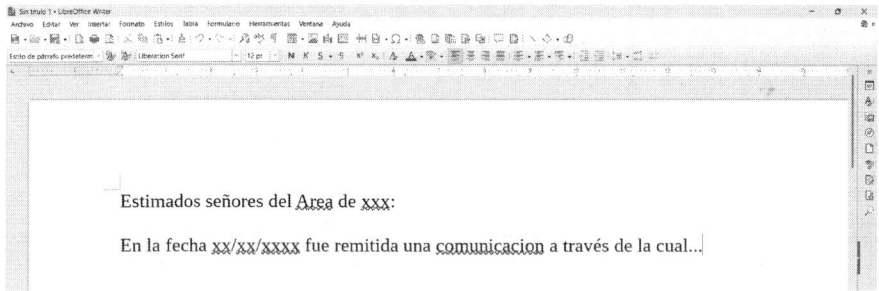

a) Debes ir a formato → revisión ortográfica automática.
b) Debes ir a formulario → revisión ortográfica automática.
c) Debes ir a herramientas → revisión ortográfica automática.
d) Debes ir a ayuda → revisión ortográfica automática.

2. En relación a la situación de la pregunta anterior, también deseas alinear al centro todo el texto, ¿cómo puedes hacerlo?

a) Seleccionando el texto y pulsando ctrl + T.
b) Seleccionando el texto y pulsando ctrl + L.
c) Seleccionando el texto y pulsando ctrl + K.
d) Seleccionando el texto y pulsando ctrl + H.

3. Una vez realizadas las tareas anteriores, deseas remarcar la letra de una parte del texto, para un mayor énfasis. ¿Cuál de las siguientes no se encuentra disponible en la barra de tareas para ello?

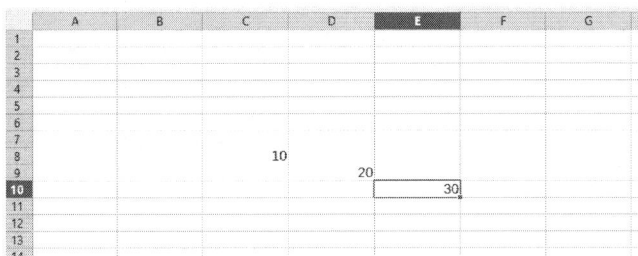

a) Negrita.
b) Itálica o cursiva.
c) Sombreado.
d) Subrayado.

4. Una vez te encuentras trabajando en el programa Calc, te consultan la posición actual en la que te encuentras en el programa, dónde se ubica el número 30. ¿Qué casilla sería la mencionada?

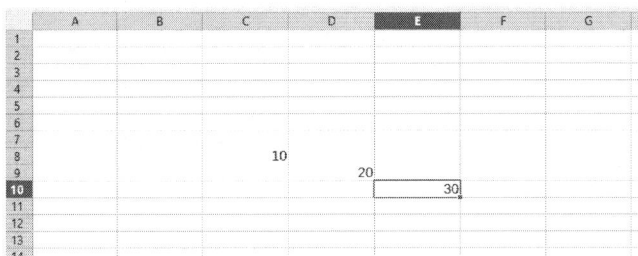

a) D10
b) E10
c) 10E
d) 10D

5. Plasmando la situación anterior a través de un gráfico, te queda la siguiente imagen. ¿Cómo podrías cambiar el tipo de gráfico de columnas a circular?

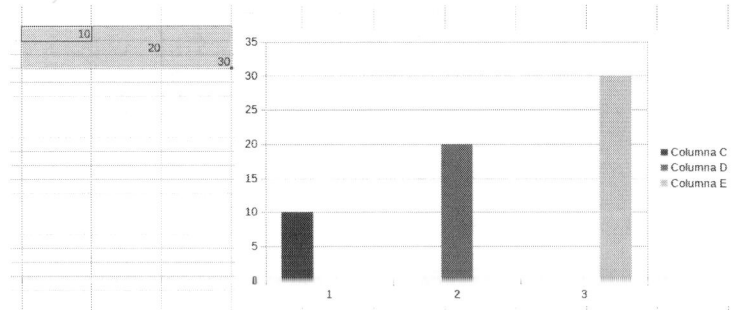

a) No sería posible, deberíamos eliminarlo e insertar uno nuevo.
b) Debemos dar dos clics derechos con el ratón, debajo de dónde se señalan las columnas, y ahí seleccionar "tipo de gráfico".

c) Debemos dar clic izquierdo con el ratón, en cualquier punto del gráfico, y ahí seleccionar "tipo de gráfico".

d) Debemos mantener pulsado el gráfico con el clic derecho del ratón, y se nos abrirá el asistente de ayuda.

6. Una vez realizado el trabajo, queremos proteger algunas celdas con una contraseña, para que no sean modificadas una vez pasemos la hoja de cálculo a otras personas. ¿Cómo podrías hacerlo?

a) Debemos ir a herramientas → proteger hojas, indicar una contraseña y confirmar, marcando la opción "seleccionar celdas protegidas".

b) Debemos ir a datos → proteger hojas, indicar una contraseña y confirmar, marcando la opción "seleccionar celdas protegidas".

c) Debemos ir a hoja → proteger hojas, indicar una contraseña y confirmar, marcando la opción "seleccionar celdas protegidas".

d) Debemos ir a formato → proteger hojas, indicar una contraseña y confirmar, marcando la opción "seleccionar celdas protegidas".

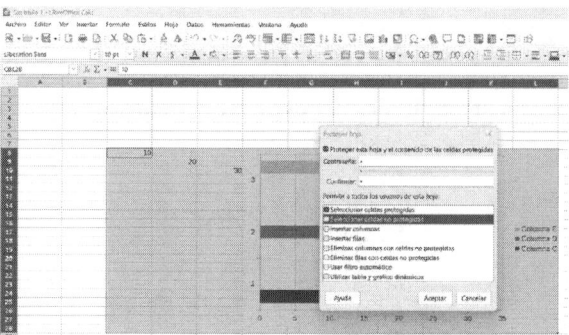

7. Posteriormente, te solicitan hacer una presentación con Base. ¿Cómo resulta posible iniciar la presentación desde el principio?

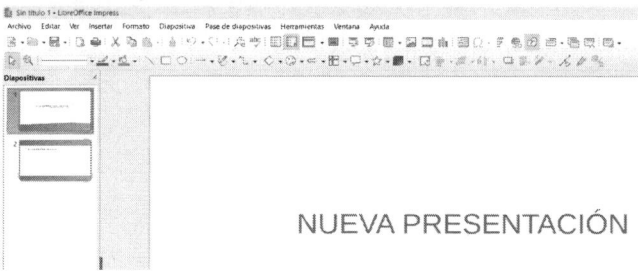

NUEVA PRESENTACIÓN

a) Pulsando F1.
b) Pulsando F5.
c) Pulsando ctrl + alt + mayús.
d) Pulsando ctrl + X.

8. ¿Cuál de las siguientes opciones debemos seleccionar si queremos una nueva diapositiva en nuestra presentación?

a)

b)

c)

d)

9. Utilizando Base, encontramos varias opciones para confeccionar nuestra base de datos, además de las tablas para la inserción, como muestra la imagen. Debajo de la opción de las tablas, ¿cuál no encontraremos?

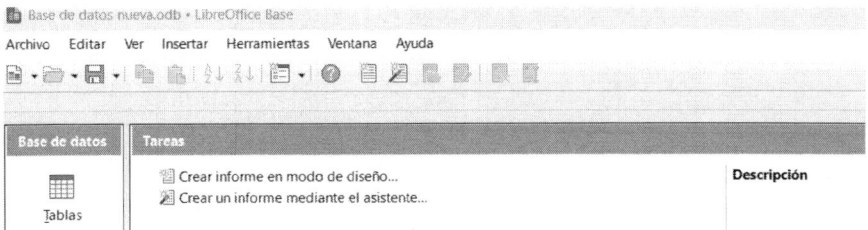

a) Formularios.
b) Consultas.
c) Relaciones.
d) Informes.

10. Una vez finalizada nuestra base de datos, la queremos enviar por correo electrónico a la persona que nos solicitó la información, ¿Cómo lo haremos?

a) Archivo → enviar → documento por correo.
b) Herramientas → enviar → documento por correo.
c) Ventana → enviar → documento por correo.
d) Ayuda → enviar → documento por correo.

En tu Curso MAD360 tienes más **preguntas de este tema** y todos tus avances quedan registrados.

¡MAD360, todo lo que necesitas para conseguir tu plaza!

Solución al test n.º 11

1. c) Debes ir a herramientas → revisión ortográfica automática.

2. a) Seleccionando el texto y pulsando ctrl + T.

3. c) Sombreado.

4. b) E10

5. c) Debemos dar clic izquierdo con el ratón, en cualquier punto del gráfico, y ahí seleccionar "tipo de gráfico".

6. a) Debemos ir a herramientas → proteger hojas, indicar una contraseña y confirmar, marcando la opción "seleccionar celdas protegidas".

7. b) Pulsando F5.

8. a)

9. c) Relaciones.

10. a) Archivo → enviar → documento por correo.

TEST N.º 12

**La Sede Electrónica. Portal de Internet. Sistemas de
identificación de las Administraciones Públicas.
Actuación administrativa automatizada. Sistemas de firma
para la actuación administrativa automatizada**

El servicio de innovación digital de una corporación local está promoviendo la actualización de la sede electrónica, con el fin de hacerla más accesible y conforme con la normativa actual. Entre otras cuestiones, se encuentra abordando:

– **Los sistemas de identificación y firma que resulten más adecuados.**

– **Las actuaciones que podrán realizarse de forma automatizada.**

– **Los sistemas que habiliten la actuación automatizada.**

– **El acceso a la sede electrónica a través de un portal de internet.**

De igual forma, un organismo autónomo vinculado a la corporación desea crear su propia sede electrónica.

1. ¿Qué sistemas de firma deberán recogerse necesariamente?

a) Sistemas basados en certificados electrónicos cualificados de firma electrónica, exclusivamente.

b) Sistemas basados en certificados electrónicos cualificados de sello electrónico, exclusivamente.

c) Sistemas basados en certificados electrónicos cualificados de firma electrónica y sistemas basados en certificados electrónicos cualificados de sello electrónico.

d) Sistemas basados en certificados electrónicos cualificados de firma electrónica, sistemas basados en certificados electrónicos cualificados de sello electrónico y, al menos, otros dos sistemas impulsados por la propia Administración.

2. Un ciudadano no se encuentra obligado a relacionarse electrónicamente con la Administración para un trámite concreto. ¿Cuál de los siguientes será?

a) Para presentar una declaración responsable.

b) Para interponer un recurso de alzada.

c) Para recibir una comunicación.

d) Para formular una solicitud.

3. En sus relaciones con otras Administraciones Públicas, conforme la norma general, ¿a través de qué sistema deberá identificarse la corporación local?

a) Podrá identificarse mediante el uso de un sello electrónico basado en un certificado electrónico reconocido o cualificado que reúna los requisitos exigidos por la legislación de firma electrónica.

b) Podrá identificarse mediante el uso de una firma electrónica basada en un certificado electrónico reconocido o cualificado que reúna los requisitos exigidos por la legislación de firma electrónica.

c) Podrá identificarse, bien mediante el uso de un sello electrónico basado en un certificado electrónico reconocido o cualificado, o bien mediante mediante el uso de una firma electrónica basada en un certificado electrónico reconocido o cualificado, siempre que reúnan los requisitos exigidos por la legislación de firma electrónica.

d) Podrá identificarse tanto de forma electrónica como a través de sus propios empleados, de forma presencial.

4. En relación a la actuación administrativa automatizada, se podrán llevar a cabo distintas actuaciones, considerándose como tal siempre que cumplan diversos criterios. ¿Cuál de los siguientes no es uno de ellos?

a) Requerirá la participación de un funcionario habilitado para ello.

b) Se puede llevar a cabo mediante sello electrónico vinculado a la Administración, que incluirá la firma correspondiente.

c) Se puede llevar a cabo mediante código seguro de verificación vinculado a la Administración, que incluirá la firma correspondiente.

d) La resolución correspondiente tendrá los mismos efectos que una resolución efectuada con carácter ordinario.

5. ¿Qué no será necesario establecer de forma previa al ejercicio de la actuación administrativa automatizada?

a) El órgano u órganos competentes, según los casos, para la definición de las especificaciones, programación, mantenimiento, supervisión y control de calidad.

b) En su caso, auditoría del sistema de información y de su código fuente.

c) El órgano que debe ser considerado responsable a efectos de impugnación de los actos resultantes.

d) En su caso, la designación de los criterios de modificación y supresión de las actuaciones emanadas.

6. A la hora de crear la sede electrónica asociada, ¿dónde deberá publicarse el acto de creación y, en un caso posterior, el de supresión?

a) En el Boletín Oficial del Estado y en el Boletín Oficial de la Provincia.

b) En el Boletín Oficial de la Comunidad Autónoma y en el Boletín Oficial de la Provincia.

c) En el Boletín Oficial de la Provincia y en el directorio del Punto de Acceso General Electrónico que corresponda.

d) No resulta necesaria la publicación.

7. ¿Qué contenido mínimo deberá tener la sede electrónica asociada?

a) No se establece un mínimo, pues la sede electrónica asociada no se considera una sede electrónica a todos los efectos.

b) El órgano u organismo titular de la misma y los órganos competentes para la gestión de la información, servicios, procedimientos y trámites puestos a disposición en ella.

c) La información necesaria para la correcta utilización de la sede electrónica, sin necesidad de incluir su mapa o información equivalente.

d) La relación de sistemas de identificación y firma electrónica que no sean admitidos en la misma.

8. Conforme la normativa de aplicación, ¿cuál de los siguientes servicios no deberá disponerse de forma obligatoria en la sede electrónica asociada?

a) No se establecen unos servicios mínimos, pues la sede electrónica asociada no se considera una sede electrónica a todos los efectos.

b) Un enlace para la formulación de sugerencias y quejas ante los órganos que en cada caso resulten competentes.

c) Un enlace para la formulación de recursos administrativos ante los órganos que en cada caso resulten competentes.

d) Un sistema de verificación de los certificados de la sede electrónica.

9. Una vez creada la nueva sede electrónica del organismo, se establece un enlace para acceder a la misma a través de la sede electrónica de la corporación local. ¿Quién será el responsable de la integridad, veracidad y actualización de la información o procedimientos que figuren en la sede electrónica del organismo autónomo?

a) La persona titular del organismo autónomo, incluyendo cuando la sede electrónica o sede electrónica asociada contenga procedimientos, servicios o ambos, cuya competencia corresponda a otro órgano administrativo.

b) La persona titular de la entidad local, incluyendo cuando la sede electrónica o sede electrónica asociada contenga procedimientos, servicios o ambos, cuya competencia corresponda a otro órgano administrativo.

c) La persona titular del organismo autónomo, salvo cuando la sede electrónica o sede electrónica asociada contenga procedimientos, servicios o ambos, cuya competencia corresponda a otro órgano administrativo.

d) La persona titular de la entidad local, salvo cuando la sede electrónica o sede electrónica asociada contenga procedimientos, servicios o ambos, cuya competencia corresponda a otro órgano administrativo.

10. La corporación local también desea permitir el acceso a la sede electrónica y a la nueva sede electrónica asociada a través de un portal de internet, aunque desconoce quién deberá determinar los canales de atención y contenidos de dicho portal de internet. ¿Qué afirmación es correcta al respecto?

a) Será cada Administración la que podrá determinar los contenidos y canales mínimos de atención a las personas interesadas y de difusión y prestación de servicios que deban tener sus portales.

b) Será la Administración General del Estado la que podrá determinar los contenidos y canales mínimos de atención a las personas interesadas y de difusión y prestación de servicios que deban tener sus portales.

c) Será cada Administración la que deberá determinar los contenidos y canales mínimos de atención a las personas interesadas y de difusión y prestación de servicios que deban tener sus portales.

d) Será la Administración General del Estado la que deberá determinar los contenidos y canales mínimos de atención a las personas interesadas y de difusión y prestación de servicios que deban tener sus portales.

En tu Curso MAD360 tienes más **preguntas de este tema** y todos tus avances quedan registrados.

¡MAD360, todo lo que necesitas para conseguir tu plaza!

Solución al test n.º 12

1. c) Sistemas basados en certificados electrónicos cualificados de firma electrónica y sistemas basados en certificados electrónicos cualificados de sello electrónico.

2. c) Para recibir una comunicación.

3. a) Podrá identificarse mediante el uso de un sello electrónico basado en un certificado electrónico reconocido o cualificado que reúna los requisitos exigidos por la legislación de firma electrónica.

4. a) Requerirá la participación de un funcionario habilitado para ello.

5. d) En su caso, la designación de los criterios de modificación y supresión de las actuaciones emanadas.

6. c) En el Boletín Oficial de la Provincia y en el directorio del Punto de Acceso General Electrónico que corresponda.

7. b) El órgano u organismo titular de la misma y los órganos competentes para la gestión de la información, servicios, procedimientos y trámites puestos a disposición en ella.

8. c) Un enlace para la formulación de recursos administrativos ante los órganos que en cada caso resulten competentes.

9. a) La persona titular del organismo autónomo, incluyendo cuando la sede electrónica o sede electrónica asociada contenga procedimientos, servicios o ambos, cuya competencia corresponda a otro órgano administrativo.

10. a) Será cada Administración la que podrá determinar los contenidos y canales mínimos de atención a las personas interesadas y de difusión y prestación de servicios que deban tener sus portales.

SUPUESTOS PRÁCTICOS (2º ejercicio)

Segundo ejercicio (práctico)

Consistirá en la realización de una **prueba práctica** determinada por el Órgano de Selección, referente a las **materias específicas** del programa establecido en el Anexo de la convocatoria, durante un periodo **máximo de 2 horas**, relacionada con las funciones a desempeñar en el puesto de trabajo, y que pongan de manifiesto las aptitudes y capacidad profesional de las personas aspirantes, debiendo tener en cuenta el Órgano de Selección en la elaboración de la prueba dicho tiempo para su ejecución por las personas aspirantes.

El Órgano de Selección podrá determinar en el anuncio que señale la fecha de realización de este ejercicio, el uso de material específico necesario para realizar la prueba práctica durante el desarrollo de la misma, del que deberán venir provistos las personas aspirantes.

El Órgano de Selección podrá decidir si, tras la realización de esta prueba práctica, se procederá a su lectura pública y/o apertura de diálogo con la persona aspirante, o que en cambio no proceda debido a las especiales características del ejercicio que impidan la misma.

Este ejercicio se calificará de 0 a 10 puntos, valorándose la **capacidad de análisis** y la **aplicación razonada de los conocimientos teóricos** a la **resolución** de los **problemas planteados**.

Los criterios de corrección serán los siguientes: **capacidad y formación general** supondrá un 70 % de la puntuación total; la **claridad** de las ideas, un 20 por ciento; la **precisión y rigor en la exposición**, un 10 por ciento.

SUPUESTO N.º 1

María de los Ángeles ha verificado, en las bases reguladoras específicas del proceso selectivo de auxiliares administrativos de la Excma. Diputación de Sevilla, que posee los requisitos generales necesarios para ser funcionaria de carrera de esta corporación. Tras cumplir los distintos pasos que describe el artículo 62.1 del Real Decreto Legislativo 5/2015, de 30 de octubre, ha adquirido finalmente la condición de funcionaria de carrera.

Una vez superó los requisitos, María de los Ángeles fue destinada a un puesto en el Área de Empleado Público. Debido a necesidades la corporación, por acumulación de tareas que requieren la participación directa o indirecta en el ejercicio de las potestades públicas, resulta necesario un mayor número de personal, cuestión que le es encomendada a la funcionaria, en apoyo de un técnico, para que estos puestos sean cubiertos con un carácter urgente.

Un empleado de la Diputación se desplaza al Área de Empleado Público en horario de atención, para consultar acerca de la posibilidad de pasar a una situación administrativa que le habilite desplazarse al municipio en el que reside su cónyuge con su hijo, y que está en la parte opuesta del país.

Por otro lado, desde la Secretaría General de la Diputación de Sevilla se ha cursado una notificación respecto una resolución de la Presidencia de fecha de 5 de febrero de 2026, a una persona obligada a relacionarse electrónicamente con la Administración.

El interesado desea interponer un recurso administrativo contra la resolución de la Presidencia.

Con el tiempo, María de los Ángeles obtiene un nuevo puesto en el servicio de contratación de la Diputación. En este, reciben la pretensión de un área de contratar el servicio de limpieza de las dependencias administrativas, por valor estimado de 100.000 euros. También reciben un expediente relativo a la compra de veinte ordenadores, por valor estimado de 12.000 euros.

Además, desde un municipio de la provincia solicitan asistencia de la asesoría jurídica de la Diputación, en relación a cuestiones de régimen local y presupuestarias.

Finalmente, María de los Ángeles se dispone a utilizar los programas del paquete de Libreoffice, y le surgen varias dudas al respecto.

CUESTIONES

1. Describe el cumplimiento sucesivo de requisitos que se debieron dar para que María de los Ángeles adquiriese la condición de funcionaria de carrera.

2. Especifica qué clase de empleado público será más idóneo para la cobertura de las plazas, cómo será el procedimiento para su selección en líneas generales y los plazos máximos de ocupación de los puestos de trabajo por el personal que sea nombrado.

3. Determina la posible situación administrativa que habilita a un funcionario a desplazarse al municipio en el que reside su cónyuge con su hijo, sus requisitos y las condiciones administrativas que se generarían a favor del empleado público, de acuerdo con la normativa básica.

4. ¿Cuál será el último día en el que podrá cursarse la notificación, conforme al siguiente calendario? ¿Cuándo se entenderá rechazada la notificación, si se puso a disposición del interesado el mismo día 5 de febrero? En el caso de que fuese efectivamente practicada la notificación con fecha de 9 de febrero de 2026, ¿cuál será la fecha de efectos del acto administrativo?

FEBRERO						
L	M	X	J	V	S	D
						1
2	3	4	5	6	7	8
9	10	11	12	13	14	15
16	17	18	19	20	21	22
23	24	25	26	27	28	

El único día festivo autonómico es el 28 de febrero.

5. ¿Cuál será el recurso administrativo que debe interponer el interesado ante la resolución de la Presidencia? ¿Resulta obligatorio? ¿En qué plazo deberá interponerse? ¿Y resolverse? ¿Qué sucederá si se equivoca a la hora de calificar el recurso administrativo?

6. ¿Qué clase de contrato es el del servicio de limpieza? ¿Y el de la compra de ordenadores? ¿Queda alguno de ellos sujeto a regulación armonizada? ¿Se puede tramitar alguno de ellos como contrato menor?

7. Entre las cuestiones de asistencia jurídica se encuentran las siguientes: ¿Qué órganos son de existencia obligatoria en los municipios? ¿Qué municipios son considerados de gran población en su régimen organizativo? ¿Qué órgano aprueba los presupuestos de una entidad local? ¿Cómo deberán publicarse los presupuestos definitivamente aprobados?

8. En relación a las dudas respecto los programas del paquete Libreoffice, contesta a las siguientes cuestiones:

a) **La funcionaria desea elaborar un texto a través de algún procesador que le permita usar plantillas, elaborar listas … ¿Cuál podría usar?**

b) **En una hoja de datos, desea realizar una serie de fórmulas. En el caso de que no utilice el asistente de funciones, ¿por qué símbolo deberán comenzar las fórmulas a introducir en las celdas?**

c) **Utilizando el programa para la explotación de bases de datos, desea presentar los datos impresos, para facilitar su exposición y comprensión. ¿Qué programa está utilizando y qué función resulta más apropiada para ello?**

En tu Curso MAD360 tienes más **supuestos prácticos** y todos tus avances quedan registrados.

¡MAD360, todo lo que necesitas para conseguir tu plaza!

Solución al supuesto n.º 1

1. Comenzando por la primera pregunta, y en lo que refiere a la función pública local, más precisamente en el ámbito andaluz, debemos atender al siguiente orden de fuentes:

   – Primero, la normativa básica local.

   – Segundo, la normativa básica general, ambas en aplicación del art. 149.1.18 de la Constitución Española (en adelante CE).

   – Tercero, a la normativa autonómica.

   – Cuarto y con carácter supletorio, a la normativa aprobada por el Estado y que aplica a sus propios funcionarios.

En este sentido, el art. 103.3 de la CE especifica que una Ley regulará el Estatuto del funcionario público. Además, la Ley 7/1985, de 2 de abril, Reguladora de las Bases del Régimen Local (en adelante LRBRL) determina que los funcionarios al servicio de la Administración local se rigen, en lo no dispuesto en esta Ley, por el mencionado estatuto y la restante legislación del Estado en materia de función pública, así como por la legislación de las Comunidades Autónomas, en los términos del artículo 149.1.18.ª de la Constitución. Conforme los arts. 100 y 102 de la LRBRL la corporación local seleccionará a sus funcionarios propios, con excepción de aquellos con habilitación de carácter nacional; así como los procesos y convocatorias se regirán por las bases aprobadas por la Presidencia de la entidad.

Con todo ello, debemos dirigirnos a la normativa básica general, siendo el Real Decreto Legislativo 5/2015, de 30 de octubre, por el que se aprueba el texto refundido de la Ley del Estatuto Básico del Empleado Público (en adelante TREBEP), que en la misma línea que la Ley 5/2023 de 7 de junio, de Función Pública en Andalucía (LFPA) nos indica, en su art. 62, que la adquisición de la condición de funcionario de carrera conlleva el cumplimiento sucesivo de los siguientes requisitos, que son los que deberá haber cumplido María de los Ángeles:

1) Superación del proceso selectivo.

2) Nombramiento por el órgano o autoridad competente, que será publicado en el Diario Oficial correspondiente.

3) Acto de acatamiento de la Constitución y, en su caso, del Estatuto de Autonomía correspondiente y del resto del Ordenamiento Jurídico.

4) Toma de posesión dentro del plazo que se establezca.

2. Continuando con la segunda pregunta, la misma también se relaciona con la función pública local, siendo por tanto de aplicación la relación de fuentes citadas con anterioridad. Las clases de empleados públicos se citan en el art. 8 del TREBEP, siendo los funcionarios de carrera, los funcionarios interinos el personal laboral, ya sea fijo, por tiempo indefinido o temporal y el personal eventual. Para determinar el empleado público más idóneo conforme la situación descrita, debemos dirigirnos al art. 10 de la misma norma, pues esta indica que son funcionarios interinos los que, por razones expresamente justificadas de necesidad y urgencia, son nombrados como tales con carácter temporal para el desempeño de funciones propias de funcionarios de carrera, cuando sean de aplicación determinadas circunstancias, entre ellas el exceso o acumulación de tareas. Por tanto, el empleado público más idóneo será un funcionario interino, al ser también los funcionarios públicos los que deben encargarse del ejercicio de las funciones que impliquen la participación directa o indirecta en el ejercicio de las potestades públicas, de acuerdo con el art. 9.2 del Estatuto.

Por otra parte, el procedimiento para la selección del funcionario interino, en líneas generales, requerirá la previsión estructural y presupuestaria de la plaza, no encontrándose la misma cubierta. Una vez ello quede acreditado suficientemente, podrá procederse al llamamiento de funcionario interino a través de bolsas de empleo creadas al efecto conforme la autonomía de la corporación local, y que se regirán por la normativa creada por la misma con tal fin. Por ejemplo, podrán componer estas bolsas de empleo personas voluntariamente inscritas, procedentes de los servicios de empleo o aspirantes que, habiendo superado procesos selectivos, los cuales deberán haber sido públicos y conforme los principios de igualdad, mérito y capacidad, no hubiesen obtenido una plaza como funcionario de carrera. En cualquier caso, tras la propuesta y acreditación de crédito en la partida presupuestaria procedente, se deberá nombrar al funcionario por la Presidencia de la corporación, siendo ello publicado en la sede electrónica y en el Boletín Oficial de la Provincia (BOP) con expresión de la plaza que se va a cubrir, a naturaleza temporal de la ocupación, en este caso la acumulación de tareas, y el plazo de toma de posesión del funcionario. Cumplidos los trámites legales, el funcionario interino podrá tomar posesión de la plaza, finalizando la secuencia.

En relación al límite máximo temporal de cobertura de la plaza, el mismo art. 10 del TREBEP señala que serán nueve meses, siempre dentro del período máximo de dieciocho meses en los que resulte el exceso o acumulación de las tareas a realizar.

3. Prosiguiendo con la tercera pregunta, y en cuanto a la demanda del empleado público, se le indicaría la existencia de la situación administrativa de excedencia. El art. 140.2 del Real Decreto Legislativo 781/1986, de 18 de abril, por el que se aprueba el texto refundido de las disposiciones legales vigentes en materia de Régimen Local determina que las situaciones administrativas de los funcionarios locales se regularán por la normativa básica estatal, y por la legislación de función pública de la respectiva Comunidad Autónoma y, supletoriamente, por la legislación de los funcionarios de la Administración del Estado, teniéndose en cuenta las peculiaridades del régimen local. De esta forma, tanto el TREBEP en su art. 89 como la LFPA en su art. 150 recogen la existencia de la excedencia voluntaria por agrupación familiar, que posee los siguientes requisitos:

- No se requieren servicios previos.
- Se debe permanecer en la excedencia al menos un año.
- La pareja, cónyuge o persona conviviente asimilable deberá ser personal funcionario de carrera o personal laboral fijo en cualquiera de las Administraciones públicas, organismos públicos y entidades de derecho público.

En cuanto a las condiciones administrativas o derechos que se generarían en el periodo de excedencia por agrupación familiar, el funcionario no devengará retribuciones, ni le será computable el tiempo que permanezca en tal situación a efectos de ascensos, trienios y derechos en el régimen de Seguridad Social que les sea de aplicación. No obstante, podrá participar en los cursos de formación convocados por la Administración, sin que ello suponga derecho a indemnización por su asistencia o participación.

4. Siguiendo el orden de las preguntas, procede contestar la cuarta. En este caso, también aplicando la normativa básica como determina el art. 149.1.18 de la CE, es aplicable la Ley 39/2015, de 1 de octubre, del Procedimiento Administrativo Común de las Administraciones Públicas (en adelante LPAC). En relación al plazo máximo para cursar la notificación de la resolución por parte de la Administración, el art. 40.2 de esta Ley indica que toda notificación deberá ser cursada dentro del plazo de diez días a partir de la fecha en que el acto haya sido dictado. Ello no impone una obligación de que la Administración haya practicado la notificación (o haya sido rechazada dentro de dicho plazo) sino que la Administración haya cumplido su deber de haber impulsado el trámite para notificar el acto en el mencionado plazo. De acuerdo con el plazo de diez días hábiles y el calendario expresado, siendo la fecha de la resolución de cinco de febrero de 2026, el último día para que la Administración curse la notificación será el 18 de febrero, pues el plazo para cursar la notificación comenzará el mismo día en que se dicte la resolución, y se deben excluir del cómputo los días inhábiles, es decir, los sábado, domingo y festivos de acuerdo con el art. 30.2 de la LPAC.

En relación al momento en que se entenderá el rechazo de la notificación por el interesado obligado a recibirla por medios electrónicos, el art. 43.2 in fine d ela LPAC señala que cuando la notificación por medios electrónicos sea de carácter obligatorio, o haya sido expresamente elegida por el interesado, se entenderá rechazada cuando hayan transcurrido diez días naturales desde la puesta a disposición de la notificación sin que se acceda a su contenido. Al ser el día de la puesta a disposición idéntico al de la resolución, es decir, el cinco de febrero de 2026, y ser en este caso días naturales, se entenderá rechazada si no se accede a su contenido antes del catorce de febrero de 2026, incluyendo la posibilidad de acceder este mismo día.

Por último, en lo que concierne a la fecha de efectos del acto administrativo, ligada a la perfección del acto y para determinar el comienzo de los plazos de impugnación, el art. 39.2 de la LPAC determina que la eficacia de un acto administrativo quedará demorada cuando así lo exija el contenido del acto o esté supeditada a su notificación, publicación o aprobación superior. De esta forma, la fecha de efectos del acto coincide con la de la práctica de la notificación, es decir, el nueve de febrero de 2026.

5. Continuando con la solución del supuesto planteado, en este caso con la quinta pregunta, para determinar el recurso administrativo a interponer contra la resolución del procedimiento debemos primeramente aclarar si el acto agota o no la vía administrativa. El art. 114 de la LPAC tipifica que agotan la vía administrativa las resoluciones de los órganos administrativos que carezcan de superior jerárquico, salvo que una Ley establezca lo contrario; así como el art. 52.2 de la LRBRL incluye que ponen fin a la vía administrativa las resoluciones de una serie de órganos y autoridades, entre ellos los de los Alcaldes o Presidentes. Dicho lo anterior, el art. 123.1 de la LPAC determina que los actos administrativos que pongan fin a la vía administrativa podrán ser recurridos potestativamente en reposición ante el mismo órgano que los hubiera dictado o ser impugnados directamente ante el orden jurisdiccional contencioso-administrativo. Por tanto, este será el recurso administrativo procedente si se desea impugnar en esta vía, no siendo obligatoria su interposición, pues se podrá ir directamente a la vía judicial contenciosa-administrativa.

En relación al plazo de interposición, será de un mes al ser el acto expreso. Transcurrido dicho plazo, únicamente podrá interponerse recurso contencioso-administrativo, sin perjuicio, en su caso, de la procedencia del recurso extraordinario de revisión. Por otro lado, el plazo máximo para dictar y notificar la resolución del recurso por parte de la Administración será de un mes, todo ello de acuerdo con el art. 124 de la LPAC, no pudiendo interponerse nuevamente el recurso contra la resolución del mismo.

En caso de equivocarse el interesado al calificar el recurso administrativo, ello no tendrá mayor importancia siempre que se dirija al órgano competente y en el plazo establecido, pues como añade el art. 115.2 de la LPAC, el error o la ausencia de la calificación del recurso por parte del recurrente no será obstáculo para su tramitación, siempre que se deduzca su verdadero carácter.

6. En relación a la sexta pregunta, la misma queda enfocada a la materia contractual, siendo igualmente de aplicación normativa básica conforme el art. 149.1.18 de la CE, en este caso, la Ley 9/2017, de 8 de noviembre, de Contratos del Sector Público, por la que se transponen al ordenamiento jurídico español las Directivas del Parlamento Europeo y del Consejo 2014/23/UE y 2014/24/UE, de 26 de febrero de 2014 (en adelante LCSP). Calificando las clases de contratos, los contratos típicos o clásicos quedan referidos entre los arts. 13 a 17 de la LCSP, siendo el de obras, concesión de obras, concesión de servicios, suministro y servicios en el orden expresado. En este caso, el contrato de limpieza es un contrato de servicios tal como indica el art. 17 de la LCSP, pues es una prestación de hacer consistente en el desarrollo de una actividad, que queda dirigida a la obtención de un resultado distinto de una obra o suministro, y que repercute en una ejecución del servicio de forma sucesiva y por precio unitario. Además, la actividad no implica ejercicio de la autoridad inherente a los poderes públicos. Por otra parte, el contrato para la adquisición de veinte ordenadores es un contrato de suministro, pues de acuerdo con el art. 16 de la LCSP tiene por objeto la adquisición de productos o bienes muebles.

En cuanto a la sujeción a regulación armonizada, o carácter SARA de los contratos expresados, ninguno de ellos lo sería, pues tanto los contratos de suministro como los contratos de servicio celebrados por las entidades del sector local, tal como indican los arts. 21 y 22 de la LCSP, quedarán sujetos a regulación armonizada únicamente de poseer un valor estimado igual o superior a 221.000 euros, no superándose en ninguno de los dos casos.

Por último, el contrato para la contratación de servicios de limpieza no podría tramitarse como menor; pero el contrato para la adquisición de los ordenadores sí, pues su valor estimado es inferior al umbral de 15.000 euros que refiere el art. 118.1 de la LCSP. No obstante, su duración no podrá ser superior a un año, no podrá prorrogarse y deberán cumplirse las obligaciones derivadas del mismo que expresa la normativa, en lo que concierne a su fiscalización, publicidad, entre otras.

7. Continuando con la séptima pregunta, la misma refiere al régimen local y al presupuestario. En términos del régimen local, debemos atender a la normativa básica especial dictada al efecto, fundamentalmente la LRBRL y el TRRL; y en cuanto al presupuestario, resulta de aplicación el propio título octavo de la LRBRL, el título sexto del Real Decreto Legislativo 2/2004, de 5 de marzo, por el que se aprueba el texto refundido de la Ley Reguladora de las Haciendas Locales (en adelante TRLRHL) y el Real Decreto 500/1990 de 20 de abril, entre otras.

En cuanto a la organización básica municipal, atendiendo al art. 20 de la LRBRL, son órganos necesarios el Pleno, la Alcaldía, la tenencia de Alcaldía y la Comisión Especial de Cuentas. No obstante, según su población podrán ser obligatorios otros órganos, como son las comisiones informativas y la Junta de Gobierno Local en municipios de más de 5.000 habitantes y la Comisión Especial de Sugerencias y Reclamaciones en los municipios de gran población.

Relacionando una pregunta con la otra, la consideración de municipio de gran población se adquiere con el cumplimiento de los requisitos que señala el art. 121 de la LRBRL, que inicia el título décimo de dicha Ley, y que son:

– En todo caso, tener una población que supere los 250.000 habitantes, o los 175.000 habitantes para capitales de provincia.

– Cuando lo apruebe el Parlamento autonómico, ser capital de provincia, capital autonómica o sede de una institución autonómicas, o bien tener más de 75.000 habitantes con circunstancias económicas, sociales, históricas o culturales especiales.

En cuanto al órgano competente para la aprobación de los presupuestos, de acuerdo con el art. 22.2, letra e) de la LRBRL y el art. 169 del TRLRHL, tanto la aprobación inicial como en su caso la definitiva corresponde al Pleno de la Corporación. En lo que concierne a la publicación definitiva de los mismos, el art. 112.3 in fine de la LRBRL y el art. 169.3 del TRLRHL tipifican que el presupuesto general, definitivamente aprobado, será insertado en el boletín oficial de la corporación, si lo tuviera, y, resumido por capítulos de cada uno de los presupuestos que lo integran, en el de la provincia o, en su caso, de la comunidad autónoma uniprovincial.

8. Para terminar este supuesto práctico, se procede a contestar la octava y última de las cuestiones. El paquete de Libreoffice en su última versión se compone de diversos programas o aplicativos, entre ellos:

– Writer.

– Calc.

– Base.

– Impress.

En el caso de la cuestión a), el programa más adecuado sería el Writer, pues es un procesador de textos que permite además elaborar listas numeradas, insertar tablas o gráficos, ordenar y maquetar la información, usar plantillas predeterminadas o crear nuevas, la impresión del documento finalmente redactado, entre otras.

En lo que respecta a la cuestión b), la introducción manual de fórmulas en una hoja de cálculo, a través del programa de Libreoffice respectivo, en este caso el Calc, requerirá la escritura del símbolo igual "=", pues es de tal forma que el programa interpretará la información a introducir en la celda como una fórmula y no como un mero texto escrito. No obstante, en determinados casos, el programa aún entenderá que queremos aplicar una fórmula sin necesidad de introducir previamente tal símbolo, como por ejemplo en los casos en los que simplemente queramos sumar o restar valores manuales introducidos dentro de la misma celda, dónde bastará con incluir los valores con el previo símbolo de sumar "+" o restar "-", por ejemplo, +6+6 que nos resultará en 12 o -6-6 que nos resultará en -12. En el resto de los casos, para operaciones más complejas, o a realizar entre distintas celdas, será necesaria la introducción del símbolo igual "=" para operar, o el programa inducirá a error.

Finalmente, la cuestión c) refiere acerca del uso de Base, por ser este el programa indicado para la elaboración y posterior explotación de bases de datos. Existen diversas funcionalidades para trabajar respecto la misma, como las tablas para insertar datos, las consultas para su interpretación, los formularios para permitir la introducción de datos sólo bajo criterios concretos o los informes, que permiten plasmar los datos para su exposición e impresión. Por ende, la función más apropiada del programa en este caso sería un informe, respecto los datos que queramos plasmar.

La **Diputación de Sevilla** ha aprobado sus nuevos presupuestos para el ejercicio 2026, en el que figuran los estados de gastos y los estados de ingresos para la ejecución presupuestaria. Durante la fase de aprobación, se presentaron alegaciones ante la aprobación inicial, que fueron inadmitidas por no estar legitimados los recurrentes. Una vez aprobados de forma definitiva, los presupuestos fueron objeto de publicidad, entrando en vigor para su ejecución durante el período correspondiente. Algunas de sus partidas presupuestarias de gastos fueron las siguientes:

Partida presupuestaria	Créditos iniciales
3106.24106.12004	1.000.000 euros
3105.15211.44902	1.000.000 euros

Por otra parte, el **Pleno de la Diputación de Sevilla** se ha reunido en sesión ordinaria el 27 de noviembre de 2025, para la aprobación de los siguientes actos:

- La aprobación de un Plan Provincial de apoyo a los municipios.

- La modificación del reglamento orgánico.

- El nombramiento de personal funcionario.

No obstante, en la aprobación de la modificación del reglamento orgánico, se atribuyen una serie de materias a la competencia de la Diputación que no le pertenecen, por ser de carácter exclusivo de la Comunidad Autónoma de Andalucía.

Además, varios funcionarios han tomado posesión en la corporación local, y entre ellos se encuentra Pedro Martínez. A este funcionario se le ha nombrado instructor de un procedimiento administrativo.

Pedro Martínez también debe manejar las aplicaciones ofimáticas del paquete de Libreoffice en su puesto de trabajo. En relación con estas aplicaciones, encuentra algunas dificultades.

CUESTIONES

1. ¿Qué norma, que contendrá la adaptación de las disposiciones generales en materia presupuestaria a la organización y circunstancias de la propia entidad, deberá aprobarse para la correcta ejecución presupuestaria? ¿Quiénes se considerarán legitimados para recurrir ante la aprobación inicial de los Presupuestos de una corporación local? ¿Qué cuestiones resultan recurribles?

2. Con respecto a las partidas presupuestarias expuestas, define las clasificaciones correspondientes, y a los dígitos que corresponden, de acuerdo con la normativa de estructura presupuestaria local.

3. Define qué fase de ejecución del gasto corresponderá respecto cada una de las situaciones siguientes, derivadas de la ejecución contractual de un contrato de obras:

a) La formalización del contrato de obras, mediante la firma de las partes en un documento administrativo con plena validez jurídica, y que supone el acuerdo para la ejecución del contrato en los términos pactados.

b) Tras el cumplimiento de las obligaciones derivadas del contrato anterior, la existencia de un mandamiento por el órgano competente, a través del cual se obliga a la tesorería de la corporación a la salida líquida o material de fondos monetarios.

c) El acuerdo para la realización del gasto derivado del contrato, sin que ello posea aún ningún tipo de relación con terceros externos a la propia corporación local.

d) Una vez cumplido el objeto del contrato, el acto mediante el cual la corporación local determina que se encuentra sometido a abonar un crédito previamente autorizado y comprometido.

4. ¿Cada cuánto debe reunirse, como mínimo, el Pleno de la Excma. Diputación de Sevilla? ¿Qué régimen de invalidez aplica al acto de modificación del reglamento orgánico, por el que se le atribuyen materias fuera del círculo competencial de la corporación local? ¿Es un acto convalidable? ¿Será recurrible este acto?

5. ¿Cómo se clasifican las competencias de la Diputación Provincial? ¿Qué órganos son de necesaria existencia en la corporación provincial, más allá de lo dispuesto en la legislación autonómica y, en su caso, en el reglamento orgánico? De entre las competencias anteriores, ¿son todas atribuibles al Pleno? Cita tres competencias del Pleno y otras tres de la Presidencia de la corporación provincial.

6. Cita tres derechos individuales, tres derechos de ejercicio colectivo y tres deberes de Pedro Martínez como funcionario. En caso de que solicite una excedencia voluntaria por interés particular, ¿qué requisitos se le exigirán? Mientras perdure en la situación, ¿qué derechos administrativos tendrá?

7. Pedro Martínez, como instructor del procedimiento, debe decidir acerca de las siguientes cuestiones. Indica cómo deberá proceder conforme con la normativa:

a) Solicitó un informe facultativo y no vinculante, que no fue emitido en plazo. ¿Podrá proseguir el procedimiento? ¿Deberá tener en cuenta el contenido del informe si es emitido fuera de plazo?

b) Debe determinar el plazo de duración de un período de pruebas, de un trámite de información pública y del trámite de audiencia. ¿Qué plazos podrá estipular?

c) Una vez instruido el procedimiento, debe terminarse el mismo. Cita tres formas distintas de terminación del procedimiento.

8. Contesta a las siguientes cuestiones:

a) Pedro desea añadir una tabla en este documento de la aplicación Writer, que tenga 5 columnas y 5 filas, un título que diga "Procedimientos activos" y un estilo académico. Él desea que esta tabla sea así desde el primer momento en que sea insertada, sin modificaciones posteriores. ¿Cómo podrá hacerlo?

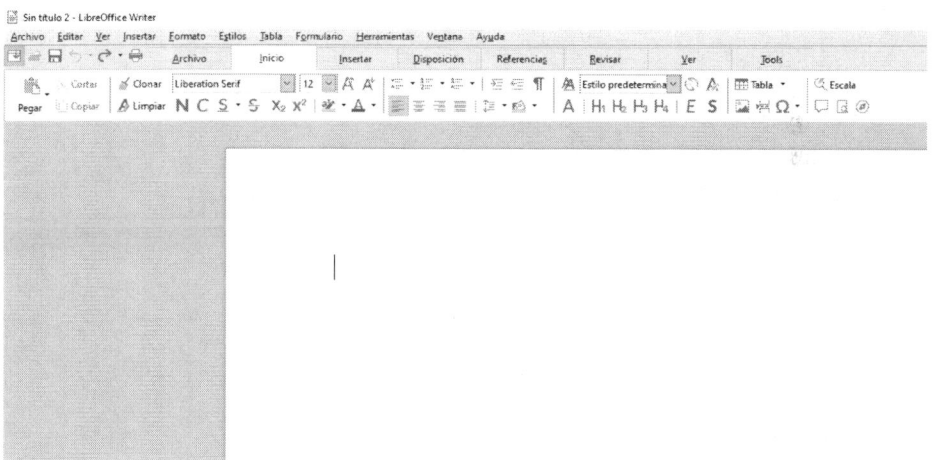

Existen diversas vías, por lo que basta señalar alguna posible.

b) Pedro se encuentra en la aplicación Calc, y desea obtener la mediana del conjunto de celdas (D8;H8) en la celda (H13), pudiendo obtenerlo favorablemente. ¿Cómo ha llegado a este resultado? Posteriormente, desea obtener la suma del mismo conjunto de celdas, introduciendo la función "SUMAR" de forma correcta en la celda (K13), pero obteniendo como resultado "###". ¿Cuál puede ser el error?

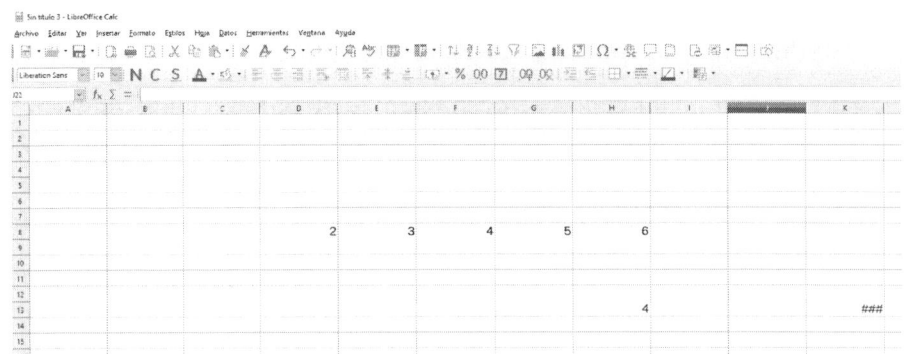

c) Pedro desconoce para qué sirven las consultas en la aplicación Base. ¿Cómo se lo explicarías?

En tu Curso MAD360 tienes más **supuestos prácticos** y todos tus avances quedan registrados.

¡MAD360, todo lo que necesitas para conseguir tu plaza!

Solución al supuesto n.º 2

El presente supuesto práctico aborda cuestiones de diversas materias contenidas en el temario, por lo que para su resolución se expondrán los aspectos jurídicos u ofimáticos que resulten adecuados en cada caso, según el enunciado, con el fin de concretar la respuesta más acotada posible a cada situación.

1. La primera pregunta versa sobre la materia presupuestaria local. En este campo, destacamos el art. 137 y los arts. 140 y 141 de la Constitución Española (en adelante CE) en lo que refiere a la autonomía local y el artículo 142 en lo que refiere a la suficiencia financiera que deben poseer las entidades locales, dos principios que van de la mano y poseen su manifestación conjunta, cifrada y de sistemática en la expresión presupuestaria. Además, resultan fundamentales el título octavo de la Ley 7/1985 de 2 de abril, Reguladora de las Bases de Régimen Local (en adelante LRBRL) y el título sexto del Real Decreto Legislativo 2/2004, de 5 de marzo, por el que se aprueba el texto refundido de la Ley Reguladora de las Haciendas Locales (en adelante TRLRHL), así como el Real Decreto 500/1990 de 20 de abril.

   Es el art. 165 del TRLRHL el que expresa que el presupuesto general de las entidades locales (EELL) contendrá para cada uno de los presupuestos que en él se integren los estados de gastos, en los que se incluirán, con la debida especificación, los créditos necesarios para atender al cumplimiento de las obligaciones; los estados de ingresos, en los que figurarán las estimaciones de los distintos recursos económicos a liquidar durante el ejercicio y las bases de ejecución, que contendrán la adaptación de las disposiciones generales en materia presupuestaria a la organización y circunstancias de la propia entidad, así como aquellas otras necesarias para su acertada gestión, estableciendo cuantas prevenciones se consideren oportunas o convenientes para la mejor realización de los gastos y recaudación de los recursos, sin que puedan modificar lo legislado para la administración económica ni comprender preceptos de orden administrativo que requieran legalmente procedimiento y solemnidades específicas distintas de lo previsto para el presupuesto. Por tanto, la norma que contendrá la adaptación de las disposiciones generales en materia presupuestaria a la organización y circunstancias de la propia entidad son las Bases de Ejecución del Presupuesto (BEP), con la regulación del art. 9 del Real Decreto 500/1990.

   En relación a los legitimados para recurrir ante la aprobación inicial de los Presupuestos de una corporación local y las cuestiones que resultan recurribles, es el art. 170 del TRLRHL el que nos indica que podrán recurrir los siguientes:

   – Los habitantes en el territorio de la respectiva entidad local.

   – Los que resulten directamente afectados, aunque no habiten en el territorio de la entidad local.

- Los colegios oficiales, cámaras oficiales, sindicatos, asociaciones y demás entidades legalmente constituidas para velar por intereses profesionales o económicos y vecinales, cuando actúen en defensa de los que les son propios.

Por otro lado, son materias recurribles las siguientes:

- Por no haberse ajustado la elaboración y aprobación de los presupuestos a los trámites establecidos en el TRLRHL.

- Por la omisión del crédito necesario para el cumplimiento de obligaciones exigibles a la entidad local, en virtud de precepto legal o de cualquier otro título legítimo.

- Por resultar manifiestamente insuficientes los ingresos con relación a los gastos presupuestados o bien de estos respecto a las necesidades para las que estén previstos.

2. La segunda pregunta también trata acerca de materia presupuestaria, si bien en este caso es más concreta en cuanto a la estructura presupuestaria. En este ámbito, además de las normas tipificadas anteriormente, también resulta fundamental la Orden EHA/3565/2008, de 3 de diciembre, por la que se aprueba la estructura de los presupuestos de las entidades locales.

De acuerdo con el art. 167 del TRLRHL y la Orden expresada, se definen a continuación las clasificaciones correspondientes y los dígitos a los que corresponden en cada caso:

- 3106.24106.12004:

    Los dígitos 3106 corresponden a la clasificación orgánica, que define quién gasta, correspondiendo el 31 al Área y el 06 a un servicio o sección más específico.

    Los dígitos 24106 corresponden a la clasificación funcional o por programas, que define para qué se gasta, siendo el área de gasto 2 relativa a actuaciones de promoción y protección social.

    Los dígitos 12004 corresponden con la clasificación económica, que define qué se gasta o la naturaleza del gasto propiamente dicha, siendo el capítulo 1 relativo a gastos de personal.

- 3105.15211.44902:

    Los dígitos 3105 corresponden a la clasificación orgánica, que define quién gasta, correspondiendo el 31 al Área y el 05 a un servicio o sección más específico.

    Los dígitos 15211 corresponden a la clasificación funcional o por programas, que define para qué se gasta, siendo el área de gasto 1 relativa a los servicios públicos básicos.

    Los dígitos 44902 corresponden con la clasificación económica, que define qué se gasta o la naturaleza del gasto propiamente dicha, siendo el capítulo 4 relativo a transferencias corrientes.

3. Continuando con la tercera pregunta, y siendo igualmente de aplicación los fundamentos jurídicos de la primera de las cuestiones resueltas, se precisan las distintas fases de ejecución presupuestaria del gasto en cuanto cada una de las situaciones expuestas:

a) La situación de la letra a), relativa a la formalización del contrato, corresponde con la disposición o compromiso del gasto, con la expedición de un documento contable D, pues es un acto mediante el cual se acuerda, tras el cumplimiento de los trámites legalmente establecidos, la realización de gastos, previamente autorizados, por un importe exactamente determinado. Además, posee relevancia jurídica para con terceros, vinculando a la Entidad local a la realización del gasto de forma concreta y determinada, tanto en su cuantía como en las condiciones de ejecución.

b) La situación descrita en la letra b), correspondiente a la existencia de un mandamiento por el órgano competente, a través del cual se obliga a la tesorería de la corporación a la salida líquida o material de fondos, es la fase de ordenación del pago, pues es una obligación reconocida y liquidada, expide la correspondiente orden de pago contra la Tesorería de la Entidad, siendo ello un documento contable P/K.

c) En cuanto a la situación c), que es el acuerdo para la realización del gasto derivado del contrato, sin que ello posea aún ningún tipo de relación con terceros, es la autorización del gasto, pues es un acto mediante el cual se acuerda la realización de un gasto determinado por una cuantía cierta o aproximada, reservando a tal fin la totalidad o parte de un crédito presupuestario, así como no implica relaciones con terceros externos a la Entidad local. Respecto a esta, procedería expedir un documento contable A.

d) En cuanto a la situación d), que es el acto mediante el cual la corporación local determina que se encuentra sometido a abonar un crédito previamente autorizado y comprometido, sería el reconocimiento de la obligación, pues es un acto mediante el cual se declara la existencia de un crédito exigible contra la Entidad derivado de un gasto autorizado y comprometido, que requerirá la previa acreditación documental, y en su caso material, y supone la expedición de un documento contable O.

4. Siguiendo el orden de las preguntas, se procede a contestar la cuarta de estas, que versa sobre régimen local. A este respecto, resulta fundamental como normativa básica la LRBRL y determinados artículos del Real Decreto Legislativo 781/1986, de 18 de abril, por el que se aprueba el texto refundido de las disposiciones legales vigentes en materia de Régimen Local (TRRL), así como los arts. básicos de la Ley 40/2015 de 1 de octubre, de Régimen Jurídico del Sector Público (LRJSP); la legislación autonómica correspondiente, en su caso, el Real Decreto 2568/1986 de 28 de noviembre como normativa no básica y las normas que apruebe cada entidad local territorial, como es la provincia, de acuerdo con su autonomía y potestad de autoorganización y tal como expone el art. 4 de la LRBRL.

En relación a cada cuánto debe reunirse, como mínimo, el Pleno de la Excma. Diputación de Sevilla, el art. 46 de la LRBRL expresa que, en todo caso, el funcionamiento del Pleno de las Corporaciones Locales se ajusta a una serie de reglas, y entre ellas expresa que el Pleno celebra sesión ordinaria como mínimo cada mes en los Ayuntamientos de municipios de más de 20.000 habitantes y en las Diputaciones Provinciales; cada dos meses en los Ayuntamientos de los municipios de una población entre 5.001 habitantes y 20.000 habitantes; y cada tres en los municipios de hasta 5.000 habitantes. Por tanto, el Pleno de la Diputación Provincial celebrará sesión ordinaria como mínimo una vez al mes, y ello sin perjuicio de las sesiones extraordinarias o extraordinarias con carácter urgente que puedan corresponder.

En cuanto al régimen de invalidez aplica al acto de modificación del reglamento orgánico, por el que se le atribuyen materias fuera del círculo competencial de la corporación local, debemos acudir a la Ley 39/2015 de 1 de octubre, del Procedimiento Administrativo Común de las Administraciones Públicas (en adelante LPAC), pues nos indica en su art. 47 que los actos de las Administraciones Públicas son nulos de pleno derecho, entre otros casos, cuando sean dictados por un órgano manifiestamente incompetente por razón de la materia o del territorio. Por tanto, la modificación del reglamento orgánico es un acto presuntamente viciado de nulidad. No obstante, y por evidente que parezca la condición de nulidad, debemos destacar que está no se dará ipso facto, por el principio de autotutela declarativa que posee la Administración, como indica el art. 39.1 de la LPAC, que cita que los actos de las Administraciones Públicas sujetos al Derecho Administrativo se presumirán válidos y producirán efectos desde la fecha en que se dicten, salvo que en ellos se disponga otra cosa.

Por tanto, deberá recurrirse el acto para que sea cuestionada su invalidez y, en su caso, resulte declarada de tal forma a los efectos procedentes. Por tanto, sí es un acto recurrible. Sin embargo, el art. 112.3 de la LPAC apunta que contra las disposiciones administrativas de carácter general no cabrá recurso en vía administrativa. Ello repercute en que los interesados no podrán impugnar la modificación del reglamento orgánico a través de un recurso administrativo, por tratarse de una disposición administrativa general y no particular (que sí son actos administrativos). Por tanto, sería recurrible a través de un recurso contencioso-administrativo en vía judicial, por los interesados afectados, probablemente Estado o Comunidad Autónoma, según se vea afectado su círculo de intereses o competencial, sin perjuicio de requerimiento previo, tal como indican los arts. 63 y 65 de la LRBRL. Finalmente, no cabe la convalidación del acto pues ello únicamente resulta admisible respecto a actos administrativos anulables, no correspondiendo en este caso por ser nula, además de por ser una disposición administrativa de carácter general (reglamento).

5. Prosiguiendo con la quinta pregunta, la misma también trata acerca del régimen local, por lo que resultan aplicables los fundamentos expuestos con anterioridad. En cuanto a la clasificación de las competencias de la Diputación Provincial, como órgano de Gobierno y administración de la provincia, se dividen en propias, atribuidas por delegación o diferentes de las anteriores, de acuerdo con los términos del art. 7 de la LRBRL.

Los órganos de necesaria existencia de la corporación provincial conforme la legislación básica se citan en el art. 32 de la LRBRL , y son el Presidente, los Vicepresidentes, la Junta de Gobierno y el Pleno existen en todas las Diputaciones, así como las comisiones informativas, siempre que la respectiva legislación autonómica no prevea una forma organizativa distinta en este ámbito y sin perjuicio de las competencias de control que corresponden al Pleno. Además, también es de necesaria existencia la Comisión Especial de Cuentas, por aplicación del art. 116 de la misma Ley.

En relación a las competencias anteriores, se indica si pertenecen o no al Pleno:

- La aprobación de un Plan Provincial de apoyo a los municipios: sí es competencia del Pleno, conforme el art. 33 de la LRBRL.

- La modificación del reglamento orgánico, sí es competencia del Pleno, conforme el art. 33 de la LRBRL.

- El nombramiento de personal funcionario, no es competencia del Pleno, sino de la Presidencia de la Diputación Provincial, conforme el art. 34 de la LRBRL.

Otras dos competencias de la Presidencia para sumar tres serían dirigir el gobierno y la administración de la provincia y representar a la Diputación; y otra competencia del Pleno para sumar tres sería la organización de la Diputación.

6. La sexta pregunta trata acerca de función pública en el ámbito local andaluz, siendo fundamental, además de la LRBRL y el TRRL, el Real Decreto Legislativo 5/2015, de 30 de octubre, por el que se aprueba el texto refundido de la Ley del Estatuto Básico del Empleado Público (en adelante TREBEP) conforme el art. 103.3 de la CE y en el ámbito autonómico y en desarrollo del mismo, la Ley 5/2023, de 7 de junio, de la Función Pública de Andalucía (LFPA). A continuación, se citan los derechos y deberes del funcionario Pedro Martínez, como requiere el enunciado:

- Tres derechos individuales: a la inamovilidad en la condición de funcionario de carrera, al desempeño efectivo de las funciones o tareas propias de su condición profesional y de acuerdo con la progresión alcanzada en su carrera profesional y la progresión en la carrera profesional y promoción interna.

- Tres derechos de ejercicio colectivo: a la libertad sindical, a la negociación colectiva y a la participación en la determinación de las condiciones de trabajo y al ejercicio de la huelga, con la garantía del mantenimiento de los servicios esenciales de la comunidad.

- Tres deberes: indicando alguno de los relativos a los principios éticos, encontraríamos la abstención en aquellos asuntos en los que tengan un interés personal, no aceptar ningún trato de favor o situación que implique privilegio o ventaja injustificada y actuar de acuerdo con los principios de eficacia, economía y eficiencia.

En relación a los requisitos que se le exigirán y las condiciones administrativas que tendrá en la situación administrativa de excedencia por interés particular, el art. 89.2 del TREBEP y el art. 149 de la LFPA concretan los siguientes requisitos para su concesión:

- Debe haber prestado servicios efectivos en cualquiera de las Administraciones públicas durante un período mínimo de dos años inmediatamente anteriores, y habrá de permanecer en la misma durante un período mínimo de un año (estos períodos se mejoran en la legislación andaluza respecto a la básica).

- Sólo puede ser ejercitado otra vez por la misma persona si han transcurrido dos años de servicios efectivos desde el final de la anterior excedencia.

– Quedará subordinada a las necesidades del servicio debidamente motivadas y no podrá declararse cuando al personal funcionario de carrera se le instruya un procedimiento disciplinario o esté pendiente del cumplimiento de una sanción.

En lo que concierne a las condiciones administrativas o derechos que tendrá en esta situación, Pedro Martínez no devengará retribuciones, ni le será computable el tiempo que permanezcan en esta situación a efectos de ascensos, trienios y derechos en el régimen de Seguridad Social que sea de aplicación. Para el reingreso al servicio activo se requerirá participar en un concurso, libre designación o ser adscrito provisionalmente a un puesto de trabajo.

7. Continuando con la séptima y penúltima pregunta, se especifican varios asuntos que deberá afrontar Pedro Martínez como instructor del procedimiento administrativo. Pese a que la regulación jurídica anterior era fundamentalmente la Ley 30/1992 de 26 de noviembre, actualmente son la LPAC y la LRJSP las normas que regulan el procedimiento administrativo, fundamentalmente la primera en cuanto a que es la que propiamente regula sus fases y relaciones con la ciudadanía. La instrucción de los procedimientos administrativos es la tercera fase de los mismos y se regula en los arts. 75 y siguientes de la LPAC.

Se procede a contestar las diversas cuestiones:

– En relación al informe facultativo y no vinculante que no fue emitido en plazo, el art. 80 de la LPAC cita primero que de no emitirse el informe en el plazo de 10 días, y sin perjuicio de la responsabilidad en que incurra el responsable de la demora, se podrán proseguir las actuaciones salvo cuando se trate de un informe preceptivo; y en segundo lugar que el informe emitido fuera de plazo podrá no ser tenido en cuenta al adoptar la correspondiente resolución. Por tanto, podrá proseguirse el procedimiento, aunque el contenido del informe emitido fuera de plazo podrá no ser tenido en cuenta para la resolución del mismo.

– En lo relativo a los plazos del período de pruebas, del trámite de información pública y del trámite de audiencia, el art. 82.2 de la LPAC afirma que para el trámite de audiencia el plazo será no inferior a diez días ni superior a quince; el art. 83.2 in fine de la misma Ley indica que para el trámite de información pública el plazo para formular alegaciones en ningún caso podrá ser inferior a veinte días; y para la práctica de las pruebas, de acuerdo con el art. 77.2 de la misma norma, el instructor acordará la apertura del periodo de práctica de las pruebas por un plazo no superior a treinta días ni inferior a diez. Por tanto, siempre que se encuentren dentro de los mínimos, y en su caso, máximos permitidos, Pedro Martínez podrá estipular los plazos que desee y resulten convenientes.

– Para terminar esta pregunta, las formas de terminación de un procedimiento administrativo quedan especificadas en el art. 84 de la LPAC, y entre ellas encontramos la resolución, el desistimiento, la renuncia al derecho en que se funde la solicitud, cuando tal renuncia no esté prohibida por el ordenamiento jurídico, y la declaración de caducidad, así como la imposibilidad material de continuarlo por causas sobrevenidas. Además, también encontramos como posible terminación la convencional por pacto, acuerdo, contrato o convenio.

8. Para finalizar el supuesto, se procede a contestar la octava y última pregunta, que versan sobre diversas aplicaciones del programa ofimático de Libreoffice.

a) Esta pregunta trata acerca del programa Writer y posee varias soluciones, por lo que se citan dos de ellas:

   – Acudir a la pestaña "Insertar" de la barra superior de tareas, seleccionar "Tabla" y posteriormente "Más opciones", donde podremos indicar el número de filas y columnas deseado, especificar el título de "Procedimientos activos" y determinar el estilo de la tabla como "académico".

   – Acudir a la pestaña "Tabla" de la barra superior de tareas, seleccionar "Insertar tabla" y desde allí podremos indicar el número de filas y columnas deseado, especificar el título de "Procedimientos activos" y determinar el estilo de la tabla como "académico".

b) Esta pregunta trata acerca del programa Calc, y se divide en dos cuestiones diversas:

   – La primera, obtener la mediana del conjunto de celdas (D8:H8) en la celda (H13). Para ello, podremos posicionarnos en la celda H13, escribir =MEDIANA(y seguidamente seleccionar o escribir el conjunto de celdas D8:H8, cerrando con). Ello nos dará el resultado deseado. Otra opción es usar el asistente de funciones una vez ocupemos la celda deseada. Una vez allí, debemos seleccionar la función "MEDIANA" para posteriormente seleccionar el intervalo D8:H8, y nos dará el resultado deseado.

   – La segunda trata sobre un error, ya que se pretende introducir la función "SUMAR" para obtener el sumatorio del intervalo de celdas D8:H8. En este caso, se trata de un error de tipografía de la fórmula, no permitiendo a Calc su identificación, puesto que el nombre correcto de la función es "SUMA" y no "SUMAR". Este error también podría evitarse usando el asistente de funciones, siguiendo la metodología tipificada con anterioridad.

c) Finalmente, esta pregunta requiere determinar el concepto de consulta en la aplicación Base. De acuerdo con las guías del programa, una consulta es un objeto de la base de datos que hemos creado, que nos habilita la selección de una porción de la información contenida en una o en varias tablas que existen en nuestra base de datos, con el fin de visualizar la información seleccionada en forma de otra tabla. Además, una consulta se realiza definiendo las condiciones que deben cumplir uno o varios campos de dichas tablas. Un ejemplo de consulta en una base de datos sería el siguiente: tenemos una lista con motocicletas, otra con colores y otra con numeración por matrículas. Una consulta nos permitiría saber cuántas motocicletas de color rojo, y cuya matrícula empiece por el número "1" existen en las tablas selccionadas de nuestra base de datos, siendo ello expuesto a través de otra tabla que se crea a partir de la consulta.

Cómo acceder al Curso

Auxiliar Administrativo
Test y Supuestos prácticos

El uso de los códigos **es exclusivo de los compradores de los productos de Editorial MAD**. Cada producto posee un código único y de un solo uso. Es personal e intransferible y da acceso a servicios y contenidos adicionales. Editorial MAD se reserva el derecho de hacer cuantas comprobaciones sean necesarias para identificar al legítimo poseedor del código y dejar de dar servicio a quien haga uso fraudulento del mismo, además de emprender cuantas acciones legales estime oportunas según la legislación vigente.

Deberás acceder a:

mad.es/registro-campus

Si una vez aceptadas las condiciones de uso del Campus decides hacer uso del mismo, necesitarás del siguiente código de acceso junto con los códigos del resto de títulos que se exigen (si fuera el caso):

CY4BZI536K